결정을 앞둔
당신에게

What Does GOD Want?
by Michael Scanlan
Copyright © 2018 by Franciscan University of Steubenville and Sophia Institute Press
Korean edition copyright © 2020 by Catholic Publishing House

결정을 앞둔 당신에게

2019년 10월 17일 교회 인가
2020년 1월 12일 초판 1쇄 펴냄

지은이·마이클 스캔란
옮긴이·안기민
펴낸이·염수정
펴낸곳·가톨릭출판사
편집 겸 인쇄인·김대영
편집·김은경, 정주화 | 디자인·정진아
기획 홍보·임찬양, 장제민, 안효진, 황희진

본사·서울특별시 중구 중림로 27
지사·경기도 고양시 일산동구 노첨길 65
등록·1958. 1. 16. 제2-314호
전자우편·edit@catholicbook.kr
전화·1544-1886(대)/ (02)6365-1879(e-Biz국)
지로번호·3000997

ISBN 978-89-321-1680-8 03230

값 13,800원

가톨릭출판사 인터넷쇼핑몰·http://www.catholicbook.kr
직영 매장·명동대성당 (02)776-3601, (070)8865-1886/ FAX (02)776-3602
　　　　가톨릭회관 (02)777-2521, (070)8810-1886/ FAX (02)6499-1906
　　　　서초동성당 (02)313-1886/ FAX (02)585-5883
　　　　서울성모병원 (02)534-1886/ FAX (02)392-9252
　　　　절두산순교성지 (02)3141-1886/ FAX (02)335-0213
　　　　은평성모병원 (02)363-9119
　　　　부천성모병원 (032)343-1886
　　　　미주지사 (323)734-3383/ FAX (323)734-3380

가톨릭의 모든 도서와 성물을 '가톨릭출판사 인터넷쇼핑몰'에서 만나 보실 수 있습니다.

성경·교회 문헌 © 한국천주교중앙협의회

이 도서의 국립중앙도서관 출판예정도서목록(CIP)은 서지정보유통지원시스템 홈페이지(http://seoji.nl.go.kr)와 국가자료종합목록 구축시스템(http://kolis-net.nl.go.kr)에서 이용하실 수 있습니다. (CIP제어번호: CIP2019049821)

이 책의 한국어판 저작권은 (재)천주교서울대교구 가톨릭출판사에 있습니다.
저작권법에 의해 한국 내에서 보호를 받는 저작물이므로 무단 전재와 무단 복제를 금합니다.

결정을 앞둔 당신에게

마이클 스캔란 지음 | 안기민 옮김

+ 하느님의 뜻을 확인하는 **다섯 가지 질문** +

가톨릭출판사

> **저자의 말**

"네 인생을 나에게 주겠니?"

1954년 3월 어느 날, 매사추세츠 주 케임브리지에서 미사에 참례하고 오던 길에 이 음성을 들었다. 나는 헨리 워즈워스 롱펠로우의 사유지를 질러가다가 발길을 멈추고 얼어붙은 듯 서 있었다. 그때 하느님께서 내게 말씀하고 계시다는 사실을 깨달았다. 물론 하느님께서 이같이 말씀하신 적은 한 번도 없었다. 그러나 지금 말씀하시는 분이 하느님이시라는 것을 즉시 알 수 있었다.

나는 바로 대답하지 않았다. '네'라고 대답했을 때, 하느님께서 내 인생으로 무엇을 하실지 알 수 없었기 때문이다.

그렇지만 하느님을 거부하거나 하느님께서 베푸신 은혜를 저버리는 대답은 하고 싶지 않았다. 그러다 이런 생각이 들었다. 지금이 은총의 순간이라고 말이다. 지나가면 다시 오지 않을 기회를 놓치고 싶지 않았다.

나는 가까스로 "네."라고 대답했다. 하지만 "로스쿨을 졸업하고 사법 고시에 합격한 후에 내 삶을 당신께 봉헌하도록 기다려 주실 수 있나요?"라고 조심스럽게 물었다. 하느님께서 내가 원하는 바를 받아들이시는 것 같았다.

그 짧은 대화가 내 삶을 바꿨다. 그때부터 내 삶에서 하느님의 뜻을 열정적으로 찾았다. 하느님의 뜻을 찾는 일은 내가 원하는 삶이 아니라 하느님께서 원하시는 삶을 사는 일이었다. 그러기 위해서는 결정을 해야 했기에, 하느님의 뜻에 따라 내 삶을 계획하기 시작했다.

사법 고시에 합격했을 때 하느님께서는 내가 사제가 되기를 원하신다는 사실을 알려 주셨다. 그 후 사제직을 수행하기 위해 언제 어디서 공부할 것인지를 식별하는 힘겨운 시간이 여덟 달 동안 뒤따랐다. 목표는 알았지만, 목표를 어떻게 성취할지 결정해야 했다.

에이브리 덜레스 신부는 내가 힘들어하던 시기에 도움을 준 영성 지도 신부였다. 그는 궁극적으로 내 삶을 위해 하느님의 뜻을 찾도록 평화와 안정을 끌어내는 원리를 가르쳐 주었다. 그리고 부르심은 내 안에 있는 불안한 영혼이라고 했다. 불안한 영혼이 쉴 수 있는 곳을 발견한다면 그곳이 바로 내 삶을 바쳐야 할 곳이라고도 알려 주었다.

나는 펜실베이니아 주 로레토의 프란치스코 수도원을 방문했을 때 내 경험과 불안감을 털어놓을 수 있었다. 그러자 마음에서 불안감이 사라졌고, 그곳은 마음에 평화를 찾는 장소가 되었다. 1957년 9월 그 수도원 공동체에 들어간 후 거의 40년이 지난 지금까지도 편안한 마음으로 하느님의 부르심을 따라 살고 있다고 확신한다.

사제가 된 후에 남녀노소, 결혼 여부, 종교인과 비종교인을 불문하고 수천 명의 사람들이 내게 결정 내리는 방법을 물었다. 그중에는 사소한 결정과 관계된 질문도 있었지만 성소와 같이 인생 전체와 관련된 질문도 있었다. 물론 성소를 살아가는 데에는 더 많은 결정이 요구될 테지만 말이다.

이 책은 내가 결정을 내리고 다른 사람들의 결정을 도우며 배운 방법을 간추린 것이다. 당신이 진정한 자유와 평화의 길을 찾고 하느님의 뜻을 식별하는 데 이 책이 도움이 되기를 바란다.

삶을 결정하는 매 순간마다 나에게 영감을 주었던 성경 구절이 있다. 나는 자주 이 구절을 읽는다.

주님, 당신의 길을 제게 알려 주시고
당신의 행로를 제게 가르쳐 주소서.
당신의 진리 위를 걷게 하시고
저를 가르치소서.
당신께서 제 구원의 하느님이시니
날마다 당신께 바랍니다.(시편 25,4-5)

예수님께서 다시 그들에게 말씀하셨다. "내 양식은 나를 보내신 분의 뜻을 실천하고, 그분의 일을 완수하는 것이다."
(요한 4,34)

제자는 스승보다 높지 않다.(마태 10,24)

하늘에서와 같이 땅에서도 이루어지게 하소서.(마태 6,10)

뒤에서 다루게 될 결정 내리기에 이 성경 구절이 길잡이 역할을 해 줄 것이다. 사람은 누구나 인내하며 자신이 원하는 삶을 버리고 하느님의 뜻에 따를 때 궁극적인 목표를 달성할 수 있다. 이 책이 하느님의 은총으로 목표를 이루는 데 도움이 되기를 바란다.

들어가는 말

결정하기 전에

    자기 계발 분야를 공부한 사람들은 우리가 하루에도 수없이 많은 선택을 한다고 말한다. 아마 그중 대부분은 의식적으로 결정했다고 해도 아주 미약한 수준의 의식이 작용한 결과일 수 있다. 습관이나 편의, 이전 결정에 따라 깊이 생각하지 않고 결정하거나, 신중함이나 상식을 앞세워서 결정하기 때문이다.

    어떤 결정은 매우 복잡하다. 결정하기 위해 숙고와 기도가 필요하며, 하나의 큰 결정에 인생 전체를 몰두해야 할지도 모른다. 가령, 사귀던 사람과 결혼할지, 15년 동안 해 오던 일을 그만둘지, 아이를 입양할지, 직원을 해고할지, 대학원에 입학할지, 수도원에 입회할지 등과 같은 결정이 그러하다.

중대한 결정이 아니더라도, 어려운 선택을 앞두고 고민할 수도 있다. 살림을 알뜰하게 꾸려 가려면 어떻게 해야 할지, 성당 사목 위원으로 활동해 달라는 부탁을 받아들일지, 처음 만난 사람에게 데이트를 청할지, 일과 가족, 여가의 균형을 어떻게 맞출지 등의 결정은 쉽지 않다.

그런가 하면 삶을 바꿀 만한 생각이 순간적으로 떠오르기도 한다. 기도를 하다가, 또는 친구의 제안을 듣다가 갑자기 그 생각이 떠오를 수도 있고, 어느 오후에 순간적으로 떠올랐다가 곧 사라질 수도 있다. 그런데 이 생각은 하느님에게서 온 것일 수도 있고 그렇지 않을 수도 있다. 이를 어떻게 판단할 수 있는가?

우리가 때때로 느끼는 강한 열망은 말로 다 표현하기 어려울 정도이다. 그중 어떤 생각은 계속 집요하게 떠올라 우리를 사로잡고야 만다. 이때 하느님의 부르심을 식별해서 문제를 해결할 수 있어야 한다.

"사제가 되고자 하는 바람이 있어요. 하지만 저는 신앙심이 강하지 않고 여자에게도 관심이 있어요. 한편으로는 기술자가 되고 싶다는 생각을 항상 해요."

"의사가 되고 싶어서 의예과 과정을 밟고 있어요. 남자친구와는 진지하게 교제 중인데 조만간 결혼도 하고 싶어요. 그런데 결혼을 하면 어떻게 될지 몰라 의사가 되는 것을 망설이고 있어요."

이러한 사례는 강한 열망을 보여 준다. 열망이 분명하게 표현되지 않고, 여러 대안이 서로 엇갈리는 것처럼 보이더라도 이 이야기들은 식별을 위한 적절한 소재라고 할 수 있다.

이 책은 결정 내리기를 돕기 위해 기획하였다. 여기서 제시하는 다섯 단계는 다음과 같다. 1) 하느님께서 보여 주신 뜻에 따르는 단계 2) 마음의 지속적인 회심에 도움이 되는 단계 3) 하느님께서 과거에 이끌어 주신 방식과 일관성을 살피는 단계 4) 하느님께서 이끌어 주신 방법을 어떻게 따라야 하는지 확인하는 단계 5) 결정의 정당성에 대한 마음속 확신의 정도를 파악하는 단계이다.

이 다섯 단계는 내가 스스로 결정을 내리고 다른 사람들의 결정을 도왔던 30년 이상의 경험을 토대로 만든 것이다.

식별과 결정하기에 관한 가톨릭 고전에서 도움을 받았고 동료, 친구, 가톨릭 영성 지도 신부의 도움도 받았다. 하지만 이렇게 다섯 단계로 정형화한 것은 이 책뿐이다. 식별과 결정하기를 주제로 한 그리스도교의 다른 책들이 미처 담아내지 못한 무언가를 이 책이 줄 수 있다고 믿는다.

다만 이 책에도 한계가 있다는 사실을 안다. 모든 사람을 완전히 충족시키는 책을 쓰기에는 나 자신이 그만큼 지혜롭지 못하고 영적으로 충분히 성숙하지 못하다. 또한 사람마다 처한 환경이 다르므로 평생을 헌신하는 큰 결정을 위해서는 영성 지도 신부와 상담하는 편이 옳다고 본다. 성급하게 판단했다가 부정적인 결과를 가져올 수 있는 큰 결정에 대해서도 영성 지도 신부와 상담하기를 권한다.

이 책에서 제시하는 다섯 단계는 내가 결정 내리기에 도달하는 방법이고, 다른 사람이 결정 내리기에 도달하도록 내가 상담하는 방법이다. 주님께 순종하고 성령께 마음을 열어 기도하면서 다섯 단계를 적용한다면 "하느님께서는 무엇을 원하실까?" 하는 질문에 대한 답을 알 수 있을 것이다.

다섯 단계를 실천할 때 순서를 정확하게 따르지 않아도

된다. 여기 제시한 것은 내 경험상 가장 효과적이라고 생각하는 순서이다. 나는 이 방법이 가장 짧은 시간에 그리고 가장 명확하게 결정 내리기로 이끄는 방법이라고 믿는다.

목차

저자의 말 5

들어가는 말 결정하기 전에 11

1장 결정 내리기의 다섯 단계

하느님 뜻에 따르는 결정인가? **21**

결정하는 과정에서 회심이 일어나는가? **42**

결정에 일관성이 있는가? **62**

결정을 확인해 주는 것은 무엇인가? **91**

마음속에서 '네'라고 답하는가? **115**

2장 결정을 위한 조언

어려움 다루기	**129**
모험하는 용기	**140**
중대한 결정을 앞두고	**150**

나가는 말	거룩함을 향해 가십시오	168
부록	결정을 앞두고 바치는 기도	172
	결정 연습 노트	176

1장

결정 내리기의 다섯 단계

하느님 뜻에 따르는 결정인가?

산드라와 베드로는 성 토마스 모어 성당에서 활동하며 서로를 알게 되었다. 두 사람은 지역 공연장에서 열리는 뮤지컬에 배우로 함께 출연하면서 친구가 되었는데, 연습 시간은 물론 휴식 시간도 함께 보냈다. 가끔 휴식 시간이 길 때면 더욱 좋았다. 카풀도 하기 시작했으며, 과거의 이야기, 앞으로의 계획과 희망, 실망했던 일들을 함께 나누었다. 산드라는 이혼했고 베드로는 약물 중독자인 여성과 결혼한 상태였는데, 둘 다 영성적인 주제에 특히 관심이 있었다. 둘의 우정은 갈수록 깊어졌고, 개인적인 도움을 주고받으면서 서로에게 더 의지하게 되었다. 두 사람 모두 가톨릭 신자였으며 신앙심도 매우 깊었기 때문에 신앙에 관한 이야기를 종종 나누곤 했다.

늦은 시간까지 뮤지컬 리허설을 하게 된 어느 날, 베드로는 산드라를 집까지 태워 주었다. 그때 차 안에서 서로에게 특별한 감정을 느꼈다. 산드라의 아파트에 도착할 무렵, 그들은 성적 충동을 강하게 느꼈다. 산드라는 베드로에게 자신의 아파트에서 술을 한잔 할지 물었다. 순간 베드로가 산드라를 끌어안았지만 잠시 후에 서로 떨어졌다. 그들은 동시에 "이렇게 하는 게 옳은 일일까?"라고 물었다. 그리고는 간절한 눈빛으로 서로를 바라보기만 했다. 두 사람은 이렇게 말했다. "이렇게 좋은데, 어떻게 잘못된 것일 수가 있어?"

식별의 첫 번째는 순명 단계이다. 순명이란 마음속 열정을 따르거나 외부의 압력을 따르는 것이 아니다. 여기서 말하는 순명이란 하느님께서 드러내신 뜻에 순명하는 것을 말한다. 하느님께서는 인간이 직면하고 있는 선택과 딜레마에 관해 이미 말씀하셨다. 하느님께서 드러내신 뜻이 우리의 문제를 직접 다루지는 않지만, 그분의 가르침은 식별과 결정을 쉽게 하는 명확한 길을 우리에게 제시한다. 그 주요 원천은 성경과 전통, 교회의 가르침이다.

베드로와 산드라는 더 깊은 관계로 나아갈지 결정해야 하는 시점에 있다. 이에 대한 답은 어렵지 않다. 간음은 하느님의 법을 어기는 일이다. 성경에 나오는 가르침과 교회의 도덕적 가르침은 더 명확하고 한결같다. 우리는 두 사람의 상황을 분리하여 살피면서 답을 찾을 수 있다. 어쩌면 베드로와 산드라도 이 답을 알고 있을 것이다.

하지만 베드로와 산드라는 자신들의 상황을 '피하고 싶은 유혹'보다는 '쾌락으로 복잡하게 얽히고설킨 갈등'으로 볼 가능성이 꽤 있다. 이는 즐거운 교제를 할 것인가, 교회의 가르침을 따를 것인가에 대한 갈등이기도 하다. 하지만 흔히 사랑을 나누는 일은 누구에게도 해가 되지 않는다고들 한다.

베드로와 산드라의 경우 하느님의 뜻이 무엇인지 알더라도 그 뜻에 충실하게 행동하는 것은 매우 어려울 것이다. 그들은 유혹이 가장 강력한 때와 장소에서 강한 성적 욕망을 느끼고 있다. 그들이 함께 잠자리에 드는 것을 막을 수 있는 것은 없다. 많은 것이 그들에게 계속하라고 말하고 있다.

정치계에서는 '타이밍이 전부다'라고 한다. 이 말은 도덕적인 삶에서 완전히 맞는 말은 아니지만, 적절한 시기가 매우 중요하다는 뜻으로는 의미가 있다. 어떻게 보면 베드로와 산드라가 식별을 위해 했던 질문은 쉽게 답을 낼 수 있다. 두 사람은 각자 집으로 가야 했다. 하지만 타이밍이 매우 좋지 않았다. 순명 단계를 적용할 최상의 시기는 일주일 전이었다. 당시 두 사람은 서로에게 호감을 느낀다는 사실을 알았다.

이 짧은 이야기는 식별에 있어 또 다른 위험을 제시한다. 우리는 종종 죄를 정당화하거나 합리화하려고 한다. 도덕적으로 분명히 올바른 과정을 두고 모호하다고 말하며, 단지 두 가지 좋은 대안 중에 하나를 선택할 뿐이라고 한다. 그리하여 그리스도교인의 식별은 어려워지거나 불확실해질 수 있다.

'하느님의 법을 따르라'는 표현은 많은 현대인에게 불편하게 들릴 수 있다. 윤리 신학 교과서와 교황청 문서에서 제시하는 엄격한 규칙과 규정을 따라야 하는 문제이기 때문이다. 따르는 것은 순명을 포함한다. 때로는 순명 그 자체를 위해 순명하기도 한다. 가끔은 어느 정도의 노력이나 이번에는 다를 수 있다는 희망으로 마지못해 따르기도 한다.

하지만 성경의 핵심과 교회의 가르침은 오히려 우리를 자유롭게 한다. 우리가 따라야 하는 법은 인간 존재가 어떻게 창조되는지, 인간 사회는 어떻게 돌아가는지, 다른 사람들과 하느님께 의무를 다하기 위해 어떻게 살아야 하는지를 이해하는 데 뿌리를 두고 있다. 이러한 원칙을 어기는 것은 자신을 가두는 일이다. 원칙을 어기는 것은 우리의 선택을 제한하고 성장을 저해하기 때문이다. 원칙에 충실하면서 사는 일이야말로 우리에게 평화와 기쁨을 준다.

베드로와 산드라의 상황은 하느님의 뜻에 따르는 것이 무엇인지 분명히 보여 준다. 그리고 육체적인 관계로 나아가는 것이 베드로와 산드라에게 그리고 다른 많은 사람에게 어떤 고통을 가져다줄지 쉽게 이해할 수 있다. 그들은 단지 하느님의 법에 대한 순명을 위해서만이 아니라 자신의 진실과 자유를 위해서도 각자 집으로 가야 한다.

성경, 전통, 가톨릭교회의 권위 있는 가르침에서 드러났듯이 순명 단계는 우리가 의도한 결정과 헌신, 여정과 행동을 백성을 위한 하느님의 뜻과 비교하도록 이끈다. 이러한 비교는 생각보다 간단할 것이다. 이를 위해 우리는 가톨릭 교리서나 성경 주석서를 읽을 필요가 있다. 때로는 순명 단계에서 유능한 영성 지도 신부나 사목자와 함께 논의할 필요도 있다.

순명 단계를 거치면 다음 세 가지 중 하나의 결론에 도달하게 된다.

- 이 행동은 하느님의 법과 교회의 가르침에 순명하는 것이다. 다른 단계와 더불어 더 살펴보아야 한다.
- 이 행동은 하느님의 법과 교회의 가르침에 순명하지 않는 것이다. 하느님의 뜻이 아니므로 거부해야 한다.
- 이 행동에는 양립할 수 있는 부분과 양립할 수 없는 부분이 있다. 따라서 좀 더 살펴보아야 한다.

바바라는 두 명의 어린 자녀를 둔 스물여덟 살의 과부였다. 바바라는 이혼한 크리스를 사랑했다. 크리스와 바바라는 착실하게 신앙생활을 했는데, 크리스는 바바라의 전남편보다 신앙심이 깊었다. 두 사람은 성령 기도회에 적극적으로 참여했다. 크리스는 젊고 유능한 리더였고, 때때로 예언하는 능력을 발휘하며 카리스마 있는 모습으로 사람들을 이끌었다. 크리스는 결혼을 서두르고 있었다. 그는 주님께서 자신과 바바라가 결혼하기를 원하신다고 확신했다. 그에게는 바바라와 어린 두 자녀를 잘 부양할 능력도 있었다. 바바라는 결혼하면 일을 하지 않고 하루 종일 자녀들과 집에 있을 수 있었다. 그런데 문제가 하나 있었다. 바로, 크리스가 과거에 했던 결혼이었다. 민법으로는 이혼했지만, 교회에 결혼 무효가 계류하고 있었던 것이다. 바바라는 이 일이 재산 분쟁 때문이라고 생각했다.

바바라는 그리스도교를 믿는 남자와 결혼하고 싶었고, 자녀들에게 아버지가 생기는 것이 좋았고, 일하지 않고 집에 있게 되는 것이 좋았다. 반면, 크리스의 종교적 영감은 바바라에게 호기심을 불러일으키기도 하고 혼란스럽게도

했다. '크리스가 옳았을까? 주님께서는 우리가 결혼하기를 원하실까? 크리스의 이전 결혼은 어떠했을까?' 혼란스러워진 바바라는 사제를 찾아갔다.

나는 바바라에게 결혼 무효가 승인될 때까지 크리스와 결혼하는 것을 생각하지 말아야 한다고 했다. 이 조언은 순명 단계를 적용한 것이었다. 바바라는 일단 교회의 관점에서 결혼이 가능해진 다음, 다른 요소들을 신중히 따져 결혼할지를 결정해야 했다. 나는 크리스와 결혼을 논의하는 것을 멈추고 교회가 결혼 무효를 선언할 때까지 결혼을 미루라고 충고했다.

바바라는 결혼 무효가 선언되지 않을까 봐 두려워했다. 나는 결혼 무효가 선언되지 않는다면 그녀를 향한 하느님의 뜻이 드러난 것으로 보아야 한다고 말했다. 바바라에게는 가족이 잘 지내는 것도 중요했지만, 하느님께 순명하고 그분의 뜻을 따르는 일이 더 중요했다. 크리스와 결혼하지 않는다고 해서 하느님과 친구들에게 버림받는 것은 아니었다. 하느님과 교회에 대한 사랑은 자신에 대한 사랑이나 계획보다 확실히 앞서 있었다. 나는 바바라에게 하느님의 섭리를 믿으면서 하느님께 모든 일을 내맡기고 순명하라고 말했다. 그리고 가족을 위해 하느님께 더 열심히 기도하고 전보다 더 충실하게 하느님께 의지하라고 충고했다. 또한 하느님께서 크리스와 바바라가 결혼하기를 원하신다는 크리스의 확신을 무시하라고 했다.

순명 단계는 교회 활동을 열심히 하는 평신도 지도자 사이에서 종종 일어나는 거짓 예언과 거짓 영감을 확인하는 데에도 좋은 방법이 된다. 평신도 지도자들은 성령의 영감을 찾고 따르는 데 익숙하고, 교회 활동을 하면서 성취한 일에 대해 칭찬을 받곤 한다. 또한 사람들을 이끌고 주님께서 원하시는 것을 알아차리는 데 자신감이 있다. 만약 그들이 책임감이 없고 건강한 기도 생활을 유지하지 못한다면, 자신의 욕망을 종교적 언어로 가장하고 싶은 유혹에 굴복할 수 있다. 카리스마 있는 지도자란 주님께서 그들에게 원하시는 일에 대해 그저 불확실한 내적 느낌을 따라 순종하는 사람이 결코 아니다.

바바라의 이야기에서는 순명 단계가 결정 내리기 과정을

어떻게 단순화할 수 있는지 보여 준다. 먼저 순명 단계를 거치면 크리스의 확신에 관한 결정, 부부의 대립, 연애의 요소, 경제적 보장, 결혼을 통한 공통의 희망을 모두 미뤄 둘 수 있기 때문이다.

때때로 하느님의 '이끄심'은 표징으로 확인되는 것 같다. 이 점에서 순명 단계는 중요하다. 아시시의 프란치스코 성인은 하느님의 뜻에 순명하려는 훌륭한 본보기를 보여 주었다. 하지만 그도 젊었을 때에는 다른 무엇보다 영예를 추구했던 군인이었다. 프란치스코가 군대 생활을 그만두고 참회자가 된 것은 꿈에서 하느님을 만났기 때문이다. 그는 꿈속에 나타난 하느님께서 "종과 주인 가운데 누구를 섬기는 것이 좋겠느냐?" 하고 물으시는 것을 들었다. 그는 "주인입니다." 하고 답했다. 그러자 하느님께서는 "그런데 왜 종을 따르느냐?" 하고 말씀하셨다.

참회자가 된 프란치스코는 성 다미아노 성당의 십자가에 매달리신 예수님께서 "허물어져 가는 내 교회를 다시 세워라."라고 하시는 말씀을 들었다. 프란치스코는 이 명령을 말씀 그대로 받아들여 교회 벽을 수리하는 데 시간을 보냈다.

그러나 사람들이 찾아와 제자로 받아들여 달라고 요청했을 때, 그는 자신이 '살아 있는 돌' 즉 인간 존재로 교회를 다시 세워야 한다는 사실을 깨달았다.

그 후 프란치스코는 미사에서 사제가 "가서 너의 재산을 팔아 가난한 이들에게 주고 나를 따라라."(마태 19,21) 하는 복음 구절을 봉독하는 것을 들었다. 그는 이 말씀을 하느님께서 자신에게 지시하신 말씀으로 이해했다. 그리고 가난을 자신의 삶과 프란치스코회의 특별한 정신으로 받아들였다. 그래서 프란치스코와 첫 번째 수사들이 평생 함께하려는 신부는 다름 아닌 '가난이라는 귀부인'이라고 한 것이다. 이 정신은 프란치스코회 수사들을 위한 삶의 규칙으로 발전하였다.

각각의 부르심은 이전의 부르심에 기초했다. 프란치스코는 하느님을 향한 순명의 정신으로 부르심마다 응답했다. 자신을 하느님의 뜻에 충실하게 내맡긴 프란치스코는 그리스도를 가장 닮은 그리스도인으로 여겨지고 있다. 이처럼 순명의 정신은 하느님의 뜻에 따르고, 그분의 법에 복종하고, 복음 말씀을 따르는 데 있다.

캐롤린은 로스쿨을 졸업하고 3개월이 지난 후에, 어느 완벽해 보이는 직장에서 면접을 보러 오라는 연락을 받았다. 그곳은 워싱턴 D.C.에 있는 대형 법률 회사였는데, 워싱턴은 평소 그녀가 살고 싶은 도시이기도 했다. 이 회사 인사과에서는 캐롤린의 경력과 입사 서류를 검토한 결과 이 회사에 필요한 사람이라고 평가했다.

면접은 매우 잘 진행되었다. 캐롤린은 면접이 끝나기 전 회사의 고객에 관해 물었다. 그러자 면접관은 그녀에게 고객 명단을 보여 주었다. 그런데 명단 맨 위에서 다섯 번째에 '미국가족계획연맹'이 있었다. 캐롤린은 "가족계획연맹은 낙태를 많이 하지 않나요?" 하고 물었다. 면접관은 "물론이죠. 고소당하기도 하고 고소하기도 합니다."라고 답했다. 그리고는 "법적인 일들이 많이 있죠. 가족계획연맹은 우리 회사의 가장 큰 고객 가운데 하나예요."라고 덧붙이면서 눈을 가늘게 뜨고 캐롤린을 쳐다보았다. "무슨 문제라도 있나요?"

캐롤린에게 무슨 문제가 생겼는가? 이 경우 순명 단계를 적용하는 일은 설명을 필요로 한다. 성경 구절이나 회칙, 교회의 가르침 어디에도 가톨릭 신자가 가족계획연맹을 주요 고객으로 둔 법률 회사에서 일해서는 안 된다고 적혀 있지는 않다. 하지만 교회의 가르침은 낙태와 관련해 비교적 구체적인 금지를 포함한다. 이러한 가르침에 따라 우리는 양심을 형성하고 그 양심에 따라 행동해야 한다.

교회는 낙태에 관해 명확하고 일관되게 말한다. 무고한 생명을 직접 죽이는 일은 심각한 잘못이라고 한다. 또한 낙태 수술을 받거나, 낙태 수술을 하거나, 낙태 수술을 하는 곳에서 일하거나, 낙태를 홍보하는 일을 금지하고 있다.

그렇다면 캐롤린은 이 직업을 거절해야 하는가? 그녀는 악에 협조하고 싶지 않았다. 그런데 이 일을 하면 정말 악에 협조하는 것일까? 이 회사에서 가족계획연맹과 상관없는 다른 일을 할 수 있다면 어떻게 할까? 캐롤린은 면접관에게 생각할 시간을 달라고 한 뒤 집에 돌아와 이 질문들에 대해 곰곰이 생각했다. 한편으로는 교회가 자신과 같은 상황에 처한 사람들을 위해 규칙을 제시함으로써 대신 결정을 내려 주기를 바라는 마음도 있었다.

그녀는 이 일을 계속 밀고 나가면서 수용 가능한 합의점을 찾을 수 있는지 알아보았다. 하지만 그녀는 이 일을 하다가 실제로 악에 휘말릴 위험이 있다고 생각했다. 결국 캐롤린은 이 직업을 포기했다. 캐롤린의 경우, 이 직업은 순명 단계를 통과하지 못한 것이다.

캐롤린은 교회 가르침의 정신에 순종하는 행동을 했다. 이 이야기는 교회 가르침의 중요한 측면을 강조한다. 순명과 복종의 정신으로 행동하는 것은 '진정한' 자신의 모습을 억누르는 것과 관계가 없다. 오히려 그렇게 했을 때 더 자유롭고 더 완전한 자기 자신이 된다. 즉 하느님의 아들과 딸, 그분의 가족 구성원이 된다는 것이다. 하느님의 법을 단지 글자 그대로 따르는 것만으로는 충분하지 않다. 그보다 복종과 순명의 정신이 중요하다. 이런 정신을 가지고 있었던 캐롤린은 악에 개입하거나 타협하는 일에서 벗어날 수 있었다. 그녀는 하느님을 훨씬 더 자유롭게 따르기로 선택했다고 볼 수 있다.

결정을 할 때는 자기 자신에게 다음과 같은 질문을 해 보아야 한다. 진실로 하느님의 권위에 복종하고 하느님과 그분의 교회에 봉사하려고 하는가? 그렇다면 하느님 법의 정신과 문구를 피하지 않겠다고 맹세해야 하며, 하느님의 법과 입법자 아래에 있어야 한다. 법을 너무 엄격하게 해석하거나 너무 느슨하게 해석하려고 하지 말고 모든 면에서 하느님의 뜻과 교회에 순명해야 한다.

하느님의 뜻에 순명하면서 사는 자유로움은 어마어마하다. 하느님의 뜻에 순명하는 일은 바로 인간이 창조된 목적이다. 요한 바오로 2세 교황이 회칙 〈진리의 광채〉에서 강력하게 가르치듯이 인간 존재는 하느님의 법에 복종할 때, 자신의 참된 모습을 찾는 과정에서 자유로움을 발견한다. "여기 있습니다. 주님, 제가 왔습니다. 당신의 뜻을 따르려고 왔습니다."라고 말했던 옛 예언자와 우리는 연결된다. "이 몸은 주님의 종입니다. 당신의 뜻대로 하소서."라고 말씀하시는 우리의 어머니 성모 마리아와도 연결된다. "복음은 성공에 대해 아무 말도 하지 않고 오직 충실함만을 말합니다."라고 마더 데레사가 자주 말했듯이 진실한 성공은 충실함에서 온다. 주위 사람들이 부정한 행위를 할 때 사업에서 정직하려 하고, 친구들이 부도덕한 관계에 연루되어 있을 때 순수해지길 바라며, 회계사가 거짓 보고서를 장려할 때 세금 환급을 투명하게 처리하고, 누군가 우리에게 심하게 잘못했을 때 복수를 포기하며, 우리가 한 많은 약속으로 말미암아 스트레스를 받을 때도 이 약속을 충실하게 지키려고 애쓰는 동안 데레사의 말은 우리를 격려해 줄 것이다.

한때 나는 해외 선교에 부르심을 받았다고 확신했었다. 평소 선교에 관심이 있었고 선교를 하고자 하는 마음도 있었다. 나는 신학교의 선교회 대표였는데, 브라질에서 선교하고 싶다고 담임 신부에게 계속 이야기했다.

마침내 서품식 때 소임을 위해 관구장에게 갔더니, 나를 파견할 좋은 소임지가 있다고 했다. 그곳은 바로, 대학교 본부였다. 충격적인 이야기였다. 나는 하느님의 부르심이 선교에 있다고 생각했다. 그런데 지금 나를 인사 발령할 권한을 가진 관구장은 완전히 다른 곳으로 발령을 내리고 있었던 것이다. 하지만 당시 내가 했던 순명 서약이 문제를 해결했다. 나는 대학교 본부로 갔고, 선교 직무를 매년 청원하는 것을 허락받았다. 그래서 10년 연속 선교 직무를 청원했지만 매해 거절되었다. 내가 스튜벤빌 대학교의 총장이 되었을 때, 마침내 수도회 측에서는 선교 소임을 더는 생각하지 말라고 답을 주었다. 그래서 나는 청원을 철회하였다.

당시 하느님께서 나를 선교 소임에 부르지 않으셨다는 것이 확실했다. 하느님께서 내가 있기를 원하시는 곳은 대학교 본부였다. 선교사로 일하는 소임은 내게 보람이나 행복을 주지 못했을지 모른다. 나는 더욱 영웅적인 삶을 원했기에 선교 소임을 바랐다. 하지만 사실, 내가 있던 오하이오 주 스튜벤빌에서도 충분히 영웅적인 삶을 살 수 있었다.

이 결정을 내릴 당시 순명 서약이 큰 도움이 되었다. 이 원칙은 모든 그리스도교인에게 적용된다. 순명의 정신은 하느님의 말씀을 듣고 그분의 뜻을 따르려는 우리 노력의 중요한 부분이다. 단지 법 조항에 순명하는 일만으로는 충분하지 않다. 우리에게 필요한 것은 하느님의 권위 아래 머물고 그분과 그분의 교회에 봉사하려는 열망을 갖는 것이다.

순명 단계에서는 어떤 행동을 어떻게 배제하고 다른 행동을 어떻게 허락하는지 이해해야 한다. 하지만 때때로 우리가 매우 중요한 결정을 내려야 할 때에 순명 단계는 명확한 답을 주지 않는다.

바오로는 수년간의 가계 지출 영수증을 정리하여 가계부를 문서화했다. 그러자 현실이 더욱 분명하게 드러났다. 바오로 가족의 경제 상황이 갈수록 나빠지고 있었던 것이다. 바오로의 월급은 가족이 생활하는 데 부족하지는 않았다. 하지만 가족들은 매달 몇 가지 필수품을 사기 위해 저축한 돈을 축내야만 했다. 월 예산에는 꼭 필요한 자동차 구매비, 다음 학기 등록금, 새 지붕 공사비, 선물 구매비, 휴가비, 그 밖의 여유비가 포함되지 않았기 때문이다.

바오로와 코니는 뭔가 해야 한다는 데 동의했다. 바오로가 일자리를 하나 더 얻을 수 있을까? 하지만 오랫동안 건설 분야에 종사해 온 그에게는 새 일자리를 구하는 것이 어려울 수 있었다. 직업을 바꾸는 것은 어떨까? 하지만 기업들은 경기 불황을 예상해 신입사원을 채용하지 않고 있었다. 코니는 자기가 일해야 하는지 물었다. 코니는 사회복지사였는데, 지금은 세 살, 다섯 살, 일곱 살의 세 자녀와 함께 집에서 지내고 있었다. 부부는 아이들을 어린이집에 맡기는 것을 매우 꺼렸다. 그래서 두 사람이 결혼할 당시, 자녀가 어릴 때는 코니가 일하지 않는다는 데 동의했었다.

두 사람은 밤이 깊도록 이야기를 나누었다. 코니는 정규직 사회복지사를 채용하는 직장 몇 곳을 알고 있었다. 하지만 비정규직 사회복지사를 채용하는 직장은 거의 없었다. 시간제 근무라도 해야 하는 걸까? 이 일은 두 사람의 결혼 생활에 어떤 영향을 미칠까? 아이들은 어떻게 될까? 돈을 더 벌기 위해 집을 비우는 것이 아이들에게 더 해롭지 않을까? 바오로는 "주님이 원하시는 바를 알고 싶어."라고 말했다. 코니는 자기도 같은 생각이라고 했다.

성경과 교회의 가르침은 오히려 바오로 집안의 경제적 문제를 더욱 궁지에 몰리게 했다. 교회의 가르침에 따르면 부모는 자녀에게 적절한 물질적 뒷바라지를 할 책임이 있다고 한다. 그리고 자녀를 사랑으로 보살피고, 교육도 제공해야 한다. 이러한 책임은 명백한 갈등을 일으킨다. 우리는 가족을 물질적으로 뒷바라지하는 일과 자녀를 적절하게 양육하는 일 사이에서 갈등을 겪고 있는 역사상 최초의 세대는 아니다. 과거에는 더 적은 수입을 위해 더 열심히 일하면서 심한 갈등을 겪어야 했다.

우리가 가장 어려워하는 결정 가운데 대부분은 바오로와 코니의 상황과 매우 비슷하다. 우리는 다른 것을 희생하면서 한 가지 선을 추구할지 선택해야 하며, 이상적인 일보다 일상적인 일에 만족해야 한다. 자원봉사를 어디서 해야 할까? 자원봉사는 얼마큼 해야 충분할까? 높은 학점을 받으려면 한 학기당 어려운 과목은 세 개면 적당할까? 아니면 그보다 적어야 할까? 사무실 분위기가 끔찍한데, 지금 직장을 떠나는 것이 나을까? 분위기를 바꿔 가며 일해야 할까?

바오로와 코니의 문제는 순명 단계에서 식별할 수 없다. 두 사람의 목표인 재정적인 능력과 가족 중심의 생활은 모두 존중할 만하다. 그들은 가톨릭 가정의 부모가 되고자 하는 강한 열망으로 가득 차 있으며, 희생과 순명의 정신으로 문제에 접근하고 있다. 두 사람이 무엇을 결정하든 타협을 해야 할 것이다. 타협을 하면 이상적으로 문제를 해결하지는 못하지만, 어느 정도 해결하는 데 만족할 수 있다. 이 문제를 더 만족스럽게 해결하려면 다음 식별 단계로 눈을 돌려야 할 것이다.

> 질문하기

하느님 뜻에 따르는 결정인가?

❶ 의도한 행동은 하느님의 계명을 따르는가?

❷ 그 행동은 교회의 가르침을 따르는가?

❸ 그 행동이 다른 약속에 영향을 미치는가?

❹ 하느님의 '부르심'이 현재 내가 의도하는 것과 모순되는가?

❺ 하느님과 그분의 교회에 복종하고 순명하는 정신을 방해할 가능성이 있는가?

결정하는 과정에서 회심이 일어나는가?

에블린과 지나는 룸메이트였는데, 대학교 졸업 후 각자 다른 길을 걸었다. 에블린은 플로리다에서 가족을 부양하고 있었고 지나는 맨해튼에서 상류층으로 생활하고 있었다. 지나는 마케팅 임원으로 성공하여 서른 살도 되기 전에 억대 연봉을 받았다. 그녀는 이스트 사이드에 위치한 콘도에 살았고 롱아일랜드 사운드에 별장을 샀으며, 카리브해와 베일에서 휴가를 보내고 유럽과 멕시코를 여행했다. 명품 옷을 입었고 시외로 나갈 때는 메르세데스 스포츠카를 운전했다. 두 사람이 연례 모임에서 만날 때면, 지나는 최근의 재산을 자랑하면서도 빚이 얼마나 많은지 푸념했다.

그녀는 주로 돈에 관해 말했고, 하찮고 탐욕스러운 남자들에 관해 이야기했다.

최근에 만났을 때 지나는 에블린에게 자신이 심각한 우울증을 여러 번 겪었다고 말했다. 직업상의 딜레마에 관해서도 이야기했는데, 지나는 홍콩의 광고 대행사로부터 함께 일하자는 제안을 받고 있었다. 이국적인 환경에서 돈을 더 벌 수 있는 기회였지만, 그녀는 뉴욕을 떠나고 싶지 않았다. "에블린, 너라면 어떻게 하겠니?" 하고 지나가 물었다.

모든 결정과 일, 관계는 우리를 주님께로 더 가까이 이끌어야 한다. '회심'은 이 과정을 설명하기 위해 사용하는 하나의 단어이다. 또 다른 단어는 '거룩함'이다. 결정 내리기의 첫 번째 단계에서는 행동의 옳고 그름을 이야기했다. 어떤 결정이 이미 드러난 하느님의 뜻에 따르는지 살피는 것이다. 두 번째 단계에서는 마음을 본다. 의도한 행동이 우리를 하느님께 더 가까이 이끌 것인가 아니면 하느님에게서 우리를 멀어지게 할 것인가? 어떤 의미에서 보면 회심 단계에서 중요한 것은 하나뿐이다. 그리스도교인의 삶에서 핵심은 하느님을 사랑하고 영원히 하느님과 함께할 준비를 하는 일이다. 루카 복음서에서 "제가 무엇을 해야 영원한 생명을 받을 수 있습니까?"(루카 10,25) 하고 율법교사가 질문했을 때, 예수님께서는 율법에 무엇이라고 쓰여 있는지 그에게 반복해서 물었다. 그는 "네 마음을 다하고 네 목숨을 다하고 네 힘을 다하고 네 정신을 다하여 주 너의 하느님을 사랑하고 네 이웃을 너 자신처럼 사랑해야 한다."(루카 10,27)라고 대답했다.

바오로 사도가 티토에게 보낸 서간에는 거룩한 삶이 어떠해야 하는지 나타나 있다. "과연 모든 사람에게 구원을 가져다주는 하느님의 은총이 나타났습니다. 이 은총이 우리를 교육하여, 불경함과 속된 욕망을 버리고 현세에서 신중하고 의롭고 경건하게 살도록 해 줍니다. 복된 희망이 이루어지기를, 우리의 위대하신 하느님이시며 구원자이신 예수 그리스도의 영광이 나타나기를 기다리는 우리를 그렇게 살도록 해 줍니다."(티토 2,11-13)

다른 복음서의 구절은 그리스도교의 결정 내리기와 직접적인 관련이 있다. 요한 복음서 12장에서는 예수님의 기도를 통해 다음과 같이 말하고 있다. "자기 목숨을 사랑하는 사람은 목숨을 잃을 것이고, 이 세상에서 자기 목숨을 미워하는 사람은 영원한 생명에 이르도록 목숨을 간직할 것이다."(요한 12,25) 성경에서는 거룩함이 추상적이거나 이론적인 것이 아니라고 가르친다. 거룩함은 우리의 일상을 포함한다. 이 시대에 '온정적이고 정당하며 독실하게' 사는 것은 물론 어려울 수 있다. 그렇다고 모든 일에서 예수님을 닮으려고 노력하는 일이 불가능한 것은 아니다. 거룩함은 하늘에서 영광의 구름처럼 우리에게 내려오지 않는다. 문제와 어려움을 겪으면서 하느님의 은총으로 장애물과 반대를 넘어 성장하는 것이다.

회심은 인생의 결정, 헌신, 성취를 통해 어떤 유형의 사람이 되는 과정이다. '회심'이라는 단어는 죄의 어둠에서 벗어나 하느님께로 눈을 돌리는 것을 말한다. 그런데 잘못된 방향으로 회심할 수도 있다. 우리는 선하게 변할 수 있을 뿐만 아니라 악하게 변할 수도 있다. 나는 뉴에이지 이교도로 개종한 그리스도교인들을 안다. 또 선량한 학생들이 정직하지 못한 사업가가 되는 것도 지켜보았다. 급진적인 페미니즘 이

데올로기에 사로잡힌 여성들과 동성애 하위문화의 어둠에 유혹된 남성들도 보았다.

이 세상은 우리 마음을 사로잡는 생각과 가치, 즐거움으로 가득 차 있다. 그리고 항상 오래된 것에서 새로운 것으로 바꾸려고 한다. 그때마다 크고 작은 결정에서 하느님을 따르도록 우리 마음을 인도해야 한다.

그 길은 찾기 어려울 수 있다. 그 길을 걷기로 한 우리의 결심이 흔들릴 수도 있다. 그리고 누구나 실수를 할 것이다. 하지만 이런 상황을 고려하더라도 지나는 하느님께로 가는 길을 걷는 것처럼 보이지 않는다. 그녀에게 하느님은 오랫동안 고려되지 않았던 이상적인 존재이거나 현실적이지 않은 존재이다. 자기 삶의 과시와 화려함, 탐욕스러운 물질주의에서 느끼는 공허함이 지나에게 파괴적인 영향을 미치고 있다. 에블린이 지나와 가까운 사이이고, 지나가 다른 사람의 말을 잘 받아들인다면, 에블린은 지나에게 깊은 영적 질문을 제기할 수 있을 것이다. 하지만 한 가지는 분명하다. 지나가 삶의 방향을 재검토하지 않는 한, 홍콩에 있는 직장으로 가는 결정이나 뉴욕에 있기로 하는 결정 모두 그녀에게 도움이 되지 않을 것이다.

회심 단계는 돈과 권력, 대중의 관심, 명성이 더 많이 포함된 선택일 때 특히 중요하다. 그럴수록 우리는 이 같이 질문해야 한다. 이 선택이 내 마음을 하느님께로 돌리게 하는가? 아니면 나를 특별한 위험에 빠지게 하는가? 이 선택을 하는 동기는 무엇인가? 위험이 이득보다 큰가?

나는 이러한 유형의 결정에서 내가 해야 할 몫이 무엇인지 알게 되었다. 이것은 순명 단계보다 적용하기 더 어려운 단계였다. 그렇기에 이 단계에서는 주님과 더 가까워지는 데 도움이 되는 몇 가지 기준이 필요하다.

2년 전, 엘리엇과 메리 앤은 장남 닐에게 집을 나가라고 말했다. 아들에 대한 지극한 사랑에서 비롯된 결정이었지만, 슬픔과 후회로 마음이 아팠다. 닐은 자주 마약을 했고 고등학교는 중퇴했다. 인사불성이 되어 차를 부수고 동네를 어슬렁거리다가 경찰에게 두 번이나 검거되기도 했다. 경찰은 그가 마약을 거래하고 복용하는 것으로 의심했다. 집에서의 생활도 심각했다. 남동생들과는 번갈아 싸

웠으며 여동생들과 자기 친구들의 만남을 주선했다. 슬픔 속에서 고민하던 엘리엇과 메리 앤은 결국 닐을 쫓아내게 된 것이었다.

2년만에 다시 돌아온 닐은 낮은 임금을 주는 시간제 일자리 두 곳에서 꾸준히 일하고 있었다. 이 사실에 모두 놀랐다. 그리고는 고등학교 학위와 동등한 졸업장을 받고 집으로 돌아왔다. 닐은 마약을 끊고 스스로 뭔가 이루고 싶다고 했다. 하지만 여전히 단정해 보이지는 않았다. 아버지는 못마땅했지만, 닐은 확실히 더 나은 쪽으로 변해 있었다. 닐은 이제 집으로 돌아오길 원했다. 그러면 생활비도 줄이고 지역의 대학교에도 다닐 수 있었다.

아들의 생각을 들은 부부는 혼란스러웠다. 아내는 닐의 의견에 반대했고 남편은 찬성했다. 아내가 "가족의 안전을 해칠 거예요."라고 말하자 남편은 "우리가 아들을 도울 수 있을지도 몰라요."라고 했다. "닐은 자신만이 도울 수 있어요."라는 아내의 말에 남편은 "다른 애들도 생각해 봐요."라고 말했다.

두 사람은 한참 동안 이야기를 나누었는데, 어느 순간

아내와 남편의 입장이 바뀌었다. 아내는 아들이 집으로 돌아오는 것을 찬성했지만 남편은 회의적이었다. 두 사람은 결혼 생활 내내 어떤 결정에서도 이처럼 갈팡질팡한 적이 없었다.

행동의 정당성을 명확히 하는 첫 번째 기준은 예측할 수 있는 결과를 생각하고, 가능하면 과거에 유사하게 내렸던 결정의 결과를 생각해 보는 것이다. 그 결정은 더 좋은 결과와 만족, 더 행복하고 안정적인 가족 구성원과의 유대, 더 철저한 기도 생활, 더 많은 선행으로 이끌었는가? 우리는 과거의 결과를 살펴보는 일을 두려워하지 말아야 한다.

성경에서 '결과'를 뜻하는 단어는 '열매'이다. 예수님께서 "너희는 그들이 맺은 열매를 보고 그들을 알아볼 수 있다." (마태 7,16)라고 하신 말씀은 세상에서 가장 잘 알려진 격언 가운데 하나인데, 그럴 만한 이유가 있다. 우리는 나무를 살펴볼 때 그 열매를 보고 판단한다. 결혼할 상대, 새로운 사장으로 물망에 오르는 사람, 대통령 후보를 고려할 때도 열매를 본다. 그 사람의 행동이 그의 가치관과 일치하는가? 그 사람은 일을 잘하는가? 자기가 하겠다고 말한 것을 실천하는가? 어떤 나무는 울퉁불퉁하고 모양이 이상할지도 모른다. 하지만 좋은 열매를 맺었다면 좋은 나무일 가능성이 있다. 미국의 음악가인 듀크 엘링턴의 말처럼 '좋게 들리면 그 음악은 좋다.'

결정의 열매를 판단하는 일은 누군가의 행동을 평가하는 것을 기본적으로 포함한다. 말하는 것은 중요하지만, 어떤 일을 실제로 하는 것보다 말하는 게 더 쉽다. 닐은 자신의 행동으로 근본적인 변화의 가능성을 보여 주었다. 그래서 부부는 닐을 다시 집으로 데려오는 것을 고려하고 있다. 닐이 두 가지 일을 하면서 혼자의 힘으로 졸업장을 받아 온 것은 두말할 것도 없이 대단한 일이다. 여전히 닐이 잘못된 길로 빠질 가능성은 있지만, 부모는 닐의 말보다 닐의 행동을 주의 깊게 보고 있다.

언젠가 한 남자가 나를 찾아와 "교회에 큰 피해를 주는 평신도 사도직이 있어요. 주님께서는 제가 그 사도직과 공개적으로 싸우길 원하세요."라고 확신에 차서 말했다. 그는 출판물로 평신도 사도직 지도자들을 공격하고, 주교에게 그들을 고발하고, 사도직 봉사자들을 조용히 만나서 그 일을 그만두라고 촉구했다. 그는 이 평신도 사도직의 전임자이자 철저히 불만을 품고 있던 직원이었다.

이 남자는 왜 그 사도직이 위협적인지에 대해 십여 가지 이유를 막힘없이 제시했다. 나는 문제를 해결할 다른 방법을 몇 가지 제안했지만 그는 받아들이려 하지 않았다. 나는 그가 복수하고자 한다는 것을 깨달았다. 그가 의도한 행동은 개인에게 해를 끼치고 사람들의 평판을 나쁘게 하는 것이었다. 그는 이것이 잘못을 바로잡을 때 겪을 수 있는 일이라고 했다. 하지만 나는 과거의 열매와 미래에 생길 수 있는 열매를 함께 살펴 그의 주된 목표가 사람들에게 해를 입히는 일이라는 것을 알 수 있었다.

엘리엇과 매리 앤도 집에 돌아오고 싶어 하는 아들의 요청에 동의하거나 거부해서 생길 수 있는 열매만을 미리 보면 안 된다. 두 사람은 과거에 아들에게 집을 나가라고 말했던 결정의 열매도 볼 수 있어야 한다. 그 결정은 가정의 평화와 닐의 긍정적인 변화라는 좋은 열매를 맺은 것 같다. 두 사람에게는 여전히 따져봐야 할 요소가 많지만, 가족에게 가장 좋은 것을 식별해 내는 능력에 자신감을 가질 수 있을 것이다.

행동은 말보다 힘이 세다. 또한 행동은 마음의 기질에 바탕을 둔다. 행동이야말로 진정한 열매이다. 바오로는 성령의 열매를 "사랑, 기쁨, 평화, 인내, 호의, 선의, 성실, 온유, 절제"(갈라 5,22-23)라고 말한다. 이 모든 열매는 관계에서 성장한 미덕이다. 육체의 작용도 마찬가지이다. 바오로는 또 다음과 같이 말한다. "잘난 체하지 말고 서로 시비하지 말고 서로 시기하지 맙시다."(갈라 5,26) 자만심, 공격성, 부러움은 사랑, 기쁨, 평화에 맞서는 것이다.

헨리는 회사의 컴퓨터 시스템 지원팀에 입사했다. 그의 상사인 스탠은 헨리가 기술적으로 뛰어나다는 사실을 인정해야 했다. 헨리는 시스템의 결함을 해결하고 새로운 소프트웨어를 설치하는 일을 체계적으로 진행했다. 다른 사람들이 해결하지 못한 문제에 대해 혁신적인 해결책을 자주 생각해 내기도 했다. 하지만 헨리는 인내심이 없었다. 고객들의 전화를 끊어 버리고, 동료들과 논쟁을 벌이며,

행정 업무를 소홀히 했다. 그래도 꾸준히 출근했고 열심히 일했다.

헨리의 3개월 수습 기간 중 한 달이 남았다. 그의 천재적인 기술력으로 도움을 받은 몇 사람은 헨리 편에 있었다. 하지만 사무실 사람 중 대부분이 그를 싫어했고, 어떤 사람들은 스탠이 그를 해고해야 한다고 강력하게 주장했다. 하지만 스탠은 헨리를 내버려 두었다. '헨리만큼 똑똑한 사람을 데려올 수 없을지도 모르니 일단 회사에 두는 편이 훨씬 좋을 거야.'라고 스탠은 생각했다.

회심 단계를 적용할 때, 어떤 열매가 특정한 행동 과정에서 좋은 열매로 성장할 가능성이 있는지 식별하는 일은 항상 쉽지 않다. 나쁜 나무도 좋아 보이는 열매를 맺을 수 있다. 어떤 사람들은 자신의 진짜 동기를 숨기려고 열심히 일하기도 한다. 가장 위험한 점은 자기 자신에게도 진정한 의도를 숨긴다는 것이다. '모든 것이 잘 준비된 것처럼' 보이기 때문에 그 결정이 옳다고 생각하면서 스스로를 속일 수도 있다. 하지만 실제로는 그저 상황에 끌려가고 있을 뿐이다.

게다가 자신의 이익을 따르는 것을 주님의 뜻에 따르는 결정이라고 합리화할 수도 있다.

스탠은 이러한 위험이 존재하는 결정에 직면해 있다. 그가 처한 현실은 다양하게 해석될 여지가 있다. 또한 스탠은 서로 상충되는 책임을 지녔다고 볼 수 있다. 그는 부서의 업무를 완수하고 직원들 사이를 화목하게 하면서 헨리에게 공정해야 한다. 지금 스탠이 어떤 일을 하려면 그것을 하는 '이유'를 찾아야 하는 상황이다.

우리는 스탠과 비슷한 처지에 있다. 이 일에 더 많은 것을 투자해야 할까, 아니면 쉽게 가야 할까? 이 친구와 관계를 계속 유지해야 할까? 가지고 싶었던 스포츠카를 사서 사치를 좀 부려 봐도 되지 않을까? 성가신 직원을 해고하고 일을 수월하게 해 나가야 할까? 이러한 선택이 반드시 나쁜 열매를 맺지는 않는다. 나쁜 열매는 주님께서 우리 결정에서 맺기를 원하시는 열매가 결코 아니다.

그리스도인들은 "주님께서 나를 막으려 한다면 막으실 기회가 많다."라고 하면서 무심하게 결정을 내린다. '이 멋진 동네에 새로운 집을 사야 할까?' 하는 질문에서 주님께서 나를 몇 번이나 막으실지 생각해 보라. 가령, 집 주인들이 내 제안을 거절할 수 있다. 그들은 나의 다른 대안도 거절할 수 있다. 집을 구입할 자금 조달에 실패할 수도 있고, 안전 감독관이 그 집에서 결함을 발견할 수도 있다. 집을 점검할 때 문제가 드러날 수도 있고, 집 수리비에 대한 최종 합의를 하지 못할 수도 있다. 월급이 오르지 않아 주택 담보 대출금을 상환하지 못할 수도 있다.

직장을 옮기는 것은 어떤가? 이직 협상이 결렬되는 등 여러 변수가 생길 수 있다. 학교로 돌아가는 일은 어떤가? 학교에서 입학을 허락하지 않을 수도 있고, 등록금을 마련하지 못할 수도 있다.

주님께서는 문을 닫아 우리를 막으실 수 있다. 하지만 '주님께서 나를 막으실 수 있다'는 생각은 어떤 대가를 치르더라도 우리가 하기로 한 일을 하려는 의지를 위장할 수도 있다. 대안을 진정으로 검토하지 않는 것을 위장할 가능성도 있다.

언제나 결정 내리는 일은 중요하다. 때때로 올바르게 내린 결정이 흐름을 깨뜨리고, 사람들을 불편하게 하고, 화나게 하는 경우도 있다. 예를 들면, 바오로 사도는 초기 교회 공동체의 심각한 문제를 해결하기 위해 서간을 썼다. 바오로의 서간은 당시 교회 공동체에서 긴장을 고조시켰을 가능성이 있다. 장기적으로는 평화와 일치의 분위기를 조성했지만, 단기적으로는 그 열매가 더 치열한 논쟁과 심각한 분열, 마음의 상처를 불러왔을지 모른다.

스탠이 헨리를 내버려 두려고 한 일은 옳을지도 모른다. 하지만 그는 모든 사항을 고려하여 결정을 내려야 한다. 스탠은 지금 모든 것을 고려해 '옳게 보이는' 방향으로 결정한 것이 아니라, 그의 입장에서 '언뜻 최선인 것처럼 보이는' 방향으로 움직인 것뿐이다. 스탠이 헨리를 지키고, 그와 함께 일하면서 태도를 변화시키고, 사람들에게서 격렬한 비난을 감수하기로 한 일이 옳을 수도 있다. 이것이 헨리에게 더 공정하고 장기적으로는 스탠의 부서에 도움이 될 수도 있다. 하지만 이것은 힘든 과정이다. 스탠이 순리에 반하여 이대로 계속 나아가고자 한다면, 힘든 상황까지도 모두 고려해서 결정을 내려야 한다.

성모 무염시태 성당은 도시 근교의 오래된 본당이었다. 3년 만에 신자 수가 반으로 줄었고 교구는 예산을 보조해야 했다. 어느 날 주교가 본당 신부를 불러 그의 어깨에 손을 얹고는 "성모 무염시태 성당을 폐쇄하려고 합니다."라고 말했다. 본당 주임인 조지 신부는 이 말을 듣고 충격을 받았다. 결국 성당은 3개월 만에 문을 닫고 말았다. 조지 신부 인생에서 최악의 석 달이었다. 그는 성당을 폐쇄하는 일을 겪으면서 정신적으로 심각한 상처를 입었다는 사실을 깨닫고 몇 달간 쉬기로 했다.

조지 신부는 언제나 충실하게 기도 생활을 했다. 하지만 이제는 하느님께서 자신을 갑자기 버리신 것처럼 느껴졌다. 이 상황은 그가 이전에 기도하며 경험했던 그 어떤 상황과도 달랐다. 마치 하느님께서 자신을 무시무시한 절벽 아래로 밀어 쓰러뜨리는 것 같았다.

조지 신부는 엄청난 배신감과 극심한 외로움을 느꼈다. 하느님께서 자신을 혼자 남겨두고 떠나셨다고 생각했다. 이것이 조지 신부가 받아들이기 가장 힘든 부분이었다. 그는 베네딕토회 공동체의 원장인 자신의 영성 지도 신부를 찾아갔다. 조지 신부는 자신의 상황을 설명하면서 "저에게 무슨 일이 일어나고 있는 거죠?"라고 물었다.

영성 지도 신부는 조지 신부가 겪는 고민의 원천에 대해 여러 가지 가능성을 고려해야 했다. 조지 신부는 자기가 사랑했던 본당이 폐쇄되는 큰 상실을 겪었다. 이러한 정신적 충격은 그의 슬픔을 설명하는 데 도움이 될 수 있다. 슬픔을 표현하도록 도와줄 전문적인 상담을 받을 수도 있다.

이러한 과정은 영적 성장을 위한 정상적이고 중요한 단계일 수 있다. '예수 그리스도를 입기'를 바라는 이들은 정돈과 정화를 약속받는다. 아빌라의 데레사 성녀, 십자가의 요한 성인, 다른 위대한 영성가들은 거룩함과 하느님과의 일치를 위한 길에 영적인 메마름과 황량함이 있다고 한다. 큰 변화가 일어나는 시점에서 고통과 포기, 황폐와 박해의 경험이 나타나면 신중한 식별이 필요하다. 그러면 아마도 새로운 방향으로 나아가는 일을 그만두어야 할 것이다. 그러나 또다시 확고함을 요구하는 정화의 시간이 될 수도 있다.

기도는 회심의 관문이다. 우리가 하느님 앞에 서 있는 곳과 하느님께서 우리를 어떻게 부르시는지에 대한 내적 계시를 받는 것도 기도를 통해서다. 기도는 우리가 거룩해지도록 하느님께서 부르시는 방식이다.

그리고 성경은 내가 지도했던 사람들과 나의 삶에서 회심 단계를 적용하는 데 특히 중요했다. 성경을 읽고 성경 말씀으로 기도하는 것은 우리에게 하느님의 관점을 갖도록 한다. 또한 구약 성경과 신약 성경에서 우리와 동일시할 수 있는 주님의 제자들을 찾을 수 있다. 성령은 성경 속에 살아 계신다. 그래서 우리는 성경이 성령의 영감으로 쓰였다고 말한다. 우리는 성경을 읽으면서 성경에서 배우고자 하는데, 이때 성령이 우리 삶에서 활발하게 활동하신다.

성경을 읽으면서 우리가 경험하는 통찰의 내용과 그 말씀을 적는 것은 도움이 된다. 성경 말씀을 음미하고 묵상하면서 하느님께서 우리를 거룩하게 부르시는 방식을 점점 더 명확하게 알 수 있다. 우리는 성경 구절로 기도할 때마다 하느님께서 우리 삶에 더 깊은 의미를 드러내실 가능성을 열어 두게 된다.

내가 더 깊은 회심을 위하여 기도할 때 들여다보는 노트의 한 구절을 소개한다. 안티오키아의 이냐시오 성인이 순교를 준비하는 동안 로마의 그리스도교인들에게 보낸 편지에서 발췌한 내용이다. 이냐시오 성인은 주님께서 자신을 위해 준비하신 영광을 동료 그리스도교인들이 방해하는 것을 원하지 않았다.

"나는 모든 교회에 편지를 써서 여러분이 내 앞길을 막지 않는다면 기꺼이 하느님을 위해 죽겠다는 것을 알리고 있습니다. 여러분에게 간청합니다. 때에 맞지 않는 친절을 보여 주지 마십시오. 야생 짐승들을 위한 먹이가 되게 해 주십시오. 이 짐승들이 내가 하느님께로 가는 길입니다. 나는 하느님의 밀입니다. 짐승들의 이빨에 갈려서 그리스도의 순수한 빵이 될 수 있습니다. 짐승들이 나를 하느님의 희생양으로 만드는 수단이 될 수 있도록 그리스도께 기도해 주십시오."

> 질문하기

결정하는 과정에서 회심이 일어나는가?

❶ 의도한 행동이 하느님과 더 긴밀한 일치를 이루게 할 것인가?

❷ 나의 일차적인 책임을 더욱 충실히 수행하게 하는가?

❸ 그 계획에는 불필요하게 죄를 저지를 가능성이 있는가?

결정에 일관성이 있는가?

페르난도는 언뜻 충격적으로 보이는 계획 때문에 영성 지도 신부를 찾아갔다. 그는 재산 대부분을 교회에 기부하고 싶어 했다. 자신이 살았던 도시의 가톨릭 학교를 위해 기부하고, 복음화 작업을 후원하고, 선교사를 돕고, 가톨릭 대학교에 가톨릭 복음 연구소를 설립하기를 원했다.

페르난도는 이 모든 일을 할 수 있는 재산이 있었다. 하지만 이 일이 올바른 결정인지 분명히 확신하지 못했다. 친구들이 미쳤다고 생각할까 봐 두려웠다. 가족들도 전적으로 동의하지 않았다. 아내와 세 딸은 아무 부족함 없이 살았지만, 가톨릭 프로젝트를 위한 페르난도의 열정에는 함께하지 않았다. 그는 '내가 충동적인 감정에 지배당하는 것일까?' 하고 생각했지만, 재산을 기부하는 일은 정말 대단한 일처럼 보였다.

페르난도와 영성 지도 신부는 이야기를 나누고 기도하면서 이 같은 처사가 페르난도의 삶에서 특별한 것이 아님을 알았다. 페르난도는 인생에서 결정적인 순간이 찾아올 때마다 자신의 행동이 어떤 결과를 가져올지 모른 채 대담하게 행동하라는 하느님의 부르심을 느꼈다. 카스트로가 지배하는 쿠바에서 위험한 탈출을 해야 한다는 부르심을 느꼈고, 무일푼이었지만 결혼하라는 부르심을 느꼈다. 위험한 사업에 뛰어들었을 때도 같은 형태의 부르심을 따랐고, 사업이 성장할 때에도 대담한 결정을 많이 내렸다. 또한 수년 동안 교회에 후하게 기부했다. 관심 있는 교회의 계획을 신중하게 평가한 다음 아무런 조건 없이 재산을 기부하는 것은 그의 습관이었다.

페르난도는 "부자 청년의 이야기를 들을 때마다 마음이 찔려요. 예수님께서 '네가 가진 모든 것을 팔아서 가난한 사람에게 주고 나를 따라와라' 하고 말씀하셨지요. 그게 내가 하고 싶은 일이에요."라고 말했다.

하느님께서는 일관적인 분이시다. 그분은 우리가 인식할 수 있는 익숙한 방식으로 우리를 대하신다. 하지만 우리는 그분의 메시지를 놓치게 될까 봐 걱정한다. 야구에 비유한다면, 우리는 기교파 투수를 바라보면서 타자석에 서 있는 타자와도 같다. 투수가 빠른 볼, 커브, 슬라이더, 체인지업, 바깥쪽 볼, 안쪽 볼, 높은 볼, 낮은 볼 중 어느 볼을 던질지 모르듯이 우리는 무엇을 예상해야 할지 모른다.

하느님께서는 야구 감독과 아주 비슷하다. 감독은 경기 중에 운동장에서 선수들과 의사소통을 할 수 있는 사인 체계를 가지고 있다. 선수들은 그 사인의 의미를 알고 있어야 한다. 만약 선수들이 혼란스러워한다면 감독은 자신이 원하는 것을 알리는 다른 방법을 사용할 것이다.

하느님께서는 우리에게 끊임없이 말씀하시지만 그렇다고 항상 같은 일을 하신다는 뜻은 아니다. 그분은 페르난도가 새로운 일을 하도록 이끄셨다. 다른 사람들이 생소하게 느낄 가능성이 있는 무언가를 페르난도가 하도록 이끄신 것이다. 하느님께서는 과거에도 여러 번 페르난도를 비슷한 방식으로 다루셨다. 페르난도는 가톨릭교회가 하는 일을 과감하게 지원하는 데 익숙하다. 그러므로 현재 하느님께서 이끄시는 방향은 페르난도의 과거 생활과 일치한다. 주님께서 페르난도에게 난데없이 야구팀을 인수하라거나 재무부 법안에 재산을 투자하라고 지시하시는 일은 없을 것이다. 이러한 지시는 빠른 공을 예상하는 타자에게 느린 커브 공을 던지는 것과 다름없다.

앞의 두 장에서는 의사 결정에서 순명과 회심의 역할을 살펴보았다. 결정은 하느님께서 드러내신 뜻을 순명하는 방향으로 이루어져야 한다. 또한 우리를 회심으로, 하느님을 향한 더 큰 사랑으로, 우리의 마음을 포기하는 것으로 이끌어야 한다. 세 번째 단계는 일관성이다. 우리가 고려하고 있는 선택권이 우리의 본모습과 일치하는 것처럼 보이는가? 주님께서 과거에 우리를 이끄셨던 방식과 일치하는가? 주님께서 전에도 이런 식으로 우리에게 말씀하신 적이 있는가?

하느님의 이끄심은 근본적으로 보수적인 과정이다. 그분께서 우리를 다루시는 방식은 대개 과거에 우리를 대하셨던 방식과 일치한다. 또한 그분의 은총은 추상적인 추측보다는 구체적인 상황에서 효과적으로 작용하며, 그분께서는 우리가 잘 들을 수 있도록 익숙한 방식으로 말씀하신다.

그리고 우리는 종종 수년에 걸쳐 계획을 실현하시는 하느님을 발견할 것이다. 그 안에서 내리는 많은 결정은 앞선 결정들과 연결된다. 생각해 보면, 현재 고려 중인 가능성은 앞으로 펼쳐질 더 큰 계획의 일부분일지 모른다. 우리가 이미 결정한 것이 주님의 뜻이라고 할 때, 의사 결정은 매우 간단해질 수 있다. 현재 의도하는 방향이 더 큰 계획의 일부인지 판단하기만 하면 된다.

그러므로 일관성 단계에서 중요한 것은 주님께서 우리에게 말씀하시는 방식을 살피는 일이다. 현재 하려는 일이 과거부터 알고 있던 방식에서 오는가? 당신은 페르난도처럼 새로운 일을 고려하는 중일 수도 있다. 아니면 익숙한 과정으로 다음 단계를 밟고 있을지도 모른다. 주님께서 전에도 그런 식으로 말씀하신 적이 있다면 신뢰할 수 있는 방식으로 이끄실 가능성이 크다.

내 인생에서 적어도 여섯 번, 문을 크게 두드리는 소리에

깊은 잠에서 깨어난 일이 있었다. 일어나서 문을 열어 보았는데 밖에는 아무도 없었다. 다시 잠이 들었지만 잠시 후 다시 문을 두드리는 소리에 잠에서 깼다. 처음에는 다시 잠들었지만 세 번째 두드리는 소리에는 잠에서 완전히 깼다. 마침내 나는 무릎을 꿇고 기도했다. "주님, 말씀하십시오. 당신 종이 듣고 있습니다."

이처럼 나는 내면의 감각이나 내적 음성이 내 인생에서 변화해야 할 것 혹은 내가 해야 할 새로운 것을 말해 주고 있음을 경험했다. 이것은 나를 위해 주님께서 들려주시는 말씀으로 이해할 수 있었다. 한밤중에 문을 두드리는 소리는 결국 주님께서 나와 대화하시는 방식이었다. 그분께서 내 삶과 일에 관해 나에게 말씀하시는 방식은 절대로 평범하지 않았다. 그런 상황은 드물게 발생하지만, 나는 알아차릴 수 있었다.

젊었을 적에 주님께서 내게 중요한 것을 말씀하시려고 하면 종종 마음에 감각적인 동요가 강하게 일어났다. 그때마다 난 흥분했다. 성령이 솟구쳐 올라 내 심장을 흔들면서 하느님으로부터 무언가 받도록 준비하고 있다는 것을 알았다.

내 감각은 더 민감해지고 의식은 더 높이 고조되었다. 그리스도교인들은 이 경험을 '기름 부음'이라고 부르곤 한다. 중세에 기사 작위를 서임하는 데 쓰인 기름 부음처럼, 젊은 시절에 느꼈던 기름 부음은 내 삶에서 하느님의 특별한 개입을 의미했다.

기름 부음과 같은 일은 이제 흔히 일어나지 않는다. 그보다 주님께서 나를 초대해 주시고 부드럽게 말씀하시는 것을 더 자주 경험한다. 나는 대학교 1학년 때 하느님의 초대를 처음으로 경험했다. 어느 쌀쌀했던 사순절 아침, 미사에 참례하고 돌아오던 길에 공원을 지나다가 갑자기 발길을 멈췄다. "네 인생 전부를 나에게 봉헌하겠니?" 하는 말이 내 안에서 들려왔기 때문이다. 그때 난 침착했고 불안해하지 않았다.

당시 나는 그 질문이 주님에게서 온 것임을 알고 있었고 이후로도 그 체험을 의심한 적은 없다. 그 순간이 나에게 전환점이 되었다. 사제, 프란치스코회 수사, 대학교 총장이 되고, 그밖에 중요한 변화를 이루기 위한 다른 부르심도 뒤따랐다. 현재 하는 일에서 크게 벗어나라는 부르심을 경험한 것이다. 이 부르심은 기름 부음이 아니라 하느님에게서 온 초대였다. 내가 하느님과 대화하는 방식을 알고 있었기 때문이다.

나와 상담했던 많은 사람이 특정한 방식으로 주님의 말씀을 들었다. 내가 아는 한 여성은 영성체 후 묵상 시간에 주님의 말씀을 듣는다. 몇 년간 알고 지낸 한 남성은 연례 피정에서 매번 주님의 말씀을 강력한 방식으로 듣는다. 그리고 다른 때에는 주님의 말씀을 거의 듣지 못한다. 다른 이들은 영성 지도 신부나 고해 사제의 조언을 통해 주님께서 이끄시는 말씀을 듣는다. 어떤 이들은 주님의 말씀을 강론이나 강연 녹음테이프로 들으며, 자신들을 위해 특별히 계획된 것이라고 강하게 느낀다. 어떤 사람들은 나처럼 희미한 음성을 듣기도 한다. 어떤 이들은 주님의 '이끄심'을 안다. 이들은 성경이나 영성 서적, 그리스도교에서 출간한 잡지나 친구의 편지를 읽으면서 주님에게서 온 무언가를 식별한다.

그런데 여전히 많은 사람이 주님께서 그들과 대화하시는 특별한 패턴을 인식하지 못한다. 어떤 사람들은 특정한 메시지가 하느님에게서 온 것인지에 대해 오랫동안 반신반의하며 지낸다. 하지만 그리스도를 진지하게 따르려고 하는, 내가 아는 모든 사람은 주님께서 친숙하게 이끌고 계심을 경험했다.

우리가 이전에 들었던 방식으로 주님의 이끄심이 전달되면 확신을 가지고 그 이끄심을 따라갈 수 있다. 우리가 이전에 경험하지 못한 방식으로 주님의 이끄심이 나타나면 더 깊이 되돌아봐야 한다. 결국 우리는 이 이끄심에 편안해질 것이다. 주님께서 말씀하시는 방식이 이상하거나 매우 불편해 보인다면 이 방식을 타당하다고 받아들이기까지 많은 기도와 조언이 필요할 것이다.

사만다는 시인으로서 뛰어난 재능이 있다. 고등학교 때 전국 시 경연 대회에서 우승했고 대학생 때는 시집 두 권을 출간했다. 아이비리그 학교의 문예 창작 선생님들은 사만다처럼 어린 나이에 재능을 보인 시인은 없었다고 말했다. 그들은 사만다에게 시인을 직업으로 삼으라고 권하면서 저명한 시인이 될 수 있을 것이라고 말했다.

그런데 사만다는 다른 분야에도 관심과 재능이 있었다. 피아노를 연주하고 합창단에서 노래를 불렀으며 학업에 어려움을 겪는 초등학생들을 가르치는 캠퍼스 가톨릭 프로그램에서도 활동했다. 사만다는 건축과 문학을 복수 전공으로 하려고 했다. 그리고 몇 년 동안, 건축가로 경력을 쌓는 일을 생각했다.

하지만 시를 가르치는 선생님들은 사만다를 설득했다. 전문 시인들은 대부분 대학 교수로 생계를 유지하기 때문에 학업을 계속해야 한다고 충고했다. 그래서 사만다는 별생각 없이 다른 가능성을 제쳐 놓고 대학원에 진학했다.

그런데 문제가 생겼다. 자신이 신입생과 2학년 학생들을 가르치는 것을 좋아하지 않는다는 사실을 깨달은 것이다. 대학원 세미나는 지루하고 짜증이 났다. 토론은 난해한 비판 이론에 초점을 맞췄고, 텍스트의 예술성과 인간적 중요성에 초점을 맞추는 일은 드물었다.

엘리자베스 시대의 이류 시인에 대한 텍스트 분석 학위 논문을 쓰기 시작했을 때, 결국 위기가 찾아왔다. 그녀는 연구하기가 싫었고, 연구에 시간이 많이 드는 것도, 논문 작업이 지루한 것도 화가 났다. 그리고 문학 교수라는 직업이 자신에게 적합하지 않다는 생각이 점점 커져 괴로

웠다. 이 느낌은 더욱 강렬해졌고, 마침내 분명히 확신하게 되었다. 사만다는 대학원에 입학한 것이 현명하지 못한 행동이었다고 생각했다. 대학원 과정이 싫었고, 준비하고 있는 직업 또한 전혀 매력적이지 않았다. 결국 사만다는 대학원을 그만두었다.

일관성 단계는 주의해서 적용해야 한다. 우리는 하느님께서 주신 능력과 재능에 비추어 선택지를 살펴야 한다. 수학을 좋아하고 복잡한 문제를 잘 푸는 사람은 공학이나 과학 분야와 관련된 직업을 생각할 것이다. 실적이 좋은 판매사원이 이직을 결심했다면 자연스럽게 판매업이나 마케팅 분야에서 일자리를 찾을 것이다. 체력이 강한 아이는 축구팀에 지원할지도 모른다. 더 중요한 직책을 원하는 간호사는 의료 분야에서 더 많은 교육을 받을 기회를 찾을 것이다.

이 경우들은 일관성 단계를 이해하기 쉽게 적용한 것이다. 하지만 우리는 조심해야 한다. 주어진 능력과 과거의 경험만으로는 미래의 역할과 선택지를 결정하지 못한다. 하느님께서는 놀라운 일을 잘하신다. 그분께서는 약하고 하찮은 이들을 일으켜 강한 이들을 당황하게 하신다. 하느님께서는 요셉을 통해 형제들과 파라오를, 다윗을 통해 골리앗을 당황하게 하셨다. 이스라엘을 국가로 일으키셨고 어둠의 나라를 넘어 갈릴래아로부터 잘 알려지지 않은 목수의 아들을 일으키셨다. 우리의 능력과 역할이 어울리는 일은 중요하지만, 완벽하게 어울리는 일은 필요하지 않다. 하느님께서는 때때로 개인사에 전혀 어울리지 않는 것 같은 방식으로 행동하기를 요구하신다.

일관성 단계에서 또 다른 함정은 과정을 뒤집는 데에 있다. 우리는 과거의 성취와 능력을 참작하여 미래의 가능성을 살피는 대신, 우리에게 재능과 관심이 있기 때문에 그것을 추구해야 한다고 생각한다. 사만다는 이러한 실수를 저질렀다. 신중하게 생각하지 않고 자신에게 훌륭한 글쓰기 재능이 있다는 것만으로 문학을 가르치고 시를 쓰는 일이 천직이라고 생각한 것이다. 하지만 이것은 소명이 아니었다. 결국 교수라는 직업이 적합하지 않았다는 것이 드러난 것이다. 그녀에게 잘 어울린다고 해도 그 자체가 소명을 받은 표징인 것은 아니었다.

일관성은 단지 단계일 뿐이며, 소명 그 자체가 아니다. 진로나 학업 과정의 선택, 생활 방식을 바꾸는 것, 평신도 사도직으로 헌신하는 것과 같은 큰 결정은 신중하게 성찰하고 많은 요소를 따져 보아야 한다. 그중 하나는 과거와 연결된 미래의 일관성이다. 주님께서 우리에게 주신 재능을 사용하라고 부르신 것으로 생각할 수 있다. 하지만 우리의 재능과 관심사는 그분의 부르심에 포함되지 않는다.

잘못된 형태의 일관성을 강조하는 일은 또 다른 방식으로 우리를 놀라게 할 수 있다. 그런 경우 자신이 잘못된 일을 쫓고 있었음을 알게 된다.

프랭크는 벌써 네 번째 긴급 상황 때문에 큰 누나 린다에게 전화를 걸었다. 그는 아파트에서 쫓겨날 처지에 있었다. 지난달에는 린다가 마약 소지 혐의로 교도소에 있는 프랭크를 빼내기 위해 보석금을 내주었다. 한 달 전에는 차가 고장 났다며 새 차를 살 돈을 빌려 달라고 했다. 이전에는 술집에서 싸워서 다치고 온 프랭크를 린다가 일주일 동안 돌보아 주기도 했다. 린다는 동생을 위해 할 수 있는 모든 일을 했다. 그녀는 돌아가신 부모님에 대한 효심으로, 동생을 돌보는 일이 자신에게 주어진 소명이라고 느꼈다.

부모님이 쇠약해지시던 때에 프랭크는 문제를 많이 일으켰다. 부모님은 프랭크를 재활시키기 위해 노력했지만 전혀 나아지지 않았다. 린다는 동생으로부터 벗어나려는 생각에서 느끼는 죄책감과 동생을 대하면서 받는 스트레스 때문에 힘들었다.

그녀는 결국 상담사를 찾아갔다. 상담사는 린다가 동생을 대할 때 과거에 지녔던 죄책감으로 행동하고 있음을 깨닫게 해 주었다. 린다는 자신이 할 수 있는 일과 해야 하는 일 대신 부모가 할 일을 하고 있었던 것이다. 그녀는 과거에 받았던 상처를 치유하기 위해 노력할 필요가 있었다. 그녀가 그동안 해 온 일은 과거와 잘 일치하는 일이지만, 행동 패턴은 바꾸어야 했다.

린다가 겪는 곤경은 꽤 흔하다. 우리는 하느님의 '부르심'처럼 엄청나게 들릴 수 있는 도덕적 의무감, 법적 의무감, 책임감에 근거해 약속하지만, 비판적으로 재검토할 필요가 있다. 과거에 기인하는 행동 패턴과 새로운 결정이 일맥상통한다고 해서 단순히 일관성 단계를 통과했다고 결론 내리는 일이 없도록 조심해야 한다.

사제와 수도자는 특히 죄책감에 취약하다. 가난과 불의를 구제하는 데 충분히 기여하지 못했다는 생각 때문에 여러 정치적, 사회적 프로젝트에 참여하게 된 사제들을 많이 알고 있다. 그런 사제들은 사회적 프로그램에 적극 참여하기로 한 결정을 사목 활동에 항상 존재하는 헌신의 연속으로 본다. 하지만 이러한 프로그램은 종종 사제들에게 능력의 한계를 느끼게 하고 지치게 한다. 결국 사제들은 자신이 그 일을 할 능력이 없었다는 것을 깨닫게 된다. 오히려 이 때문에 본당에서 사람들을 돌보거나, 학교에서 학생들을 가르치거나, 병원이나 피정의 집에서 봉사하는 일차적인 소임에 충실하지 못하게 되기도 한다.

사제와 수도자는 보통 쉴 시간 없이 일해야 한다. 어떤 사람들은 사제들의 이러한 처지를 생각하지 않고 끊임없이 뭔가를 요구한다. 이들은 받아들일 수 있는 것보다 더 많은 봉사를 요청받는다. 이들이 돕지 않으면 아무도 돕지 않을 상황도 많이 있다. 사제와 성직자는 항상 자신의 시간과 에너지가 어떻게 사용되는지 신중히 살펴보아야 한다. 만일 이들이 죄책감으로 동기를 부여한다면, 좋지 않은 결정을 내릴 위험에 빠질 수 있다.

모든 요구는 소명이 아니다. 이 경고는 교회에 소속되어 일하는 사람들뿐만 아니라 모든 사람에게 적용된다. 일관성 단계를 적용할 때 자신이 헌신하려는 일과 관심을 두는 일의 본질을 자세히 살펴보아야 한다. 이 일에 왜 책임감을 느끼는가? 이 일에 강한 끌림을 느낀다면 그 감정은 어디에서 오는가? 주의 깊게 생각하지 않고 자신에게 해가 될 수 있는 일을 하고 있지는 않은가?

바오로는 성장주 전문 뮤추얼 펀드를 성공적으로 운영하고 있다. 그가 하는 일은 매우 어려운 편이다. 그는 성장 가능성이 있고 수익성이 좋은 회사의 주식을 다른 투자자들이 발견하기 훨씬 전에 사야 한다. 실제로 바오로와 주식 분석 직원들은 끊임없이 어려운 판단을 내린다. 이 회사에는 견실한 계획이 있는가? 최고 경영자들이 이 계획을 실행할 수 있는가? 충분한 자본이 있는가? 회사는 불경기에서 살아남을 만큼 튼튼한가? 바오로는 투자에 실수할 때도 있지만 매해 잘못한 선택보다 잘한 일이 훨씬 더 많다.

가족과 바비큐 파티를 했던 어느 날 저녁, 바오로는 아버지에게 자신이 성공한 이유 한 가지를 이야기했다. "쉴라와 켄트는 최고의 주식 분석가예요. 두 사람은 분석 능력이 탁월하고 판단력이 좋아요. 주식을 사려고 고려 중인 회사의 기본적인 강점과 약점을 평가할 줄도 알아요. 하지만 두 사람의 기질은 극과 극이지요. 쉴라는 매우 조심성이 있는 편이고 회의적이며 항상 문제를 찾고 거창한 아이디어를 경계해요. 반면 켄트는 낙관주의자예요. 다른 사람들이 무시하는 회사를 찾아요. 훌륭한 제품을 생산하는 작은 회사, 파산에서 벗어난 회사, 꿈이 있는 발명가들의 회사를 찾곤 해요. 켄트는 쉽게 흥분하는 편인데, 아무도 보지 못하는 성공한 사람을 잘 찾아내요. 우리는 항상 매수할 수 있는 새로운 주식에 대해 논의하는데, 쉴라와 켄트가 이례적으로 반응할 때가 있어요. 예를 들어 쉴라는 가끔 우리가 미처 보지 못한 주식에 숨겨져 있을 가능성에 흥분할 때가 있어요. 반면 켄트가 꽤 괜찮아 보이는 회사에 대해 갑자기 회의적인 반응을 보일 때가 있어요. 이런 경우 나는 특히 주의를 기울여요. 이들의 반응이 나에게 경고로 다가오기 때문이죠. 쉴라와 켄트는 자신의 기질에 따라 능력을 발휘할 때 매우 훌륭해요. 하지만 그들답지 않게 판단을 내리면 틀리는 경우가 많아요."

일관성 단계에서는 개인의 기질과 정서적인 부분을 이해해야 한다. 새로운 상황에 보통 어떻게 반응하는가? 열정적으로 이 상황을 뛰어넘는가 아니면 결정하기 전에 모든 세부 사항을 본능적으로 신중하게 따져 보는가? 변화가 예상되면 마음이 혼란스러운가? 비현실적인 희망을 품기 쉬운 몽상가인가? 권위 있는 사람들이 우리에게 뭔가 하라고 요청하면 유순하게 신뢰하는 경향이 있는가? 일관성 단계에서는 이 같은 감정적인 기질을 살펴보아야 한다. 상황에 대한 반응은 우리에게 주님의 뜻을 나타내는 중요한 표징을 제시한다. 특히 우리가 평소에 하던 반응과 일치하지 않을 때 더욱 그렇다.

그 좋은 예는 직업을 바꿀 기회를 얻는 것과 같이 우리 대부분이 살면서 여러 번 겪는 경험일 수 있다. 이것은 중요한 결정이다. 당신은 두려워할 수도 있고 새로운 책임을 수행할 자신의 능력을 의심할 수도 있다. 그렇다면 일관성 단계를 적용하면서 새로운 일을 하도록 요청받았던 과거의 감정적 반응을 살펴보길 바란다. 일반적으로 초반에는 불안감을 많이 느끼지만, 새로운 책임에 성공하게 되면 별로 불안해할 필요가 없는 안전한 곳에 있다고 느낄 것이다. 반면에 새로운 도전에서 의심이나 불길한 예감을 느낀다면 주의해서 살펴보아야 한다. 이 느낌은 새로운 아이디어가 일관성 단계에서 실패하고 있다는 신호일 수 있다.

바오로는 감정적이지 않은 금융 분석 분야에서 주식 분석가들의 성격이 중요한 요소라는 사실을 알게 되었다. 쉴라와 켄트의 판단은 정상적인 기질의 틀 안에서 가장 안정적으로 기능했다. 우리 대부분도 보통 이러한 틀 안에서 판단한다.

하지만 항상 그런 것은 아니다. 때때로 하느님의 뜻은 우리가 감정적으로 익숙하게 반응하는 것과는 반대되는 방향으로 이끈다. 순교자들 중에 고통과 죽음을 견뎌낼 힘이 있다고 미리 생각한 사람은 거의 없었다. 그들은 의심과 두려움에도 불구하고 주님의 순교 초대를 받아들였다. 우리 역시 때때로 미지의 길로 이끄시는 부르심을 받는다.

하느님과 맺는 관계의 본질은 신뢰이다. 그분께서는 우리를 돌봐 주시고, 먼 미래가 아니라 지금 이 순간 은총을 베풀어 주실 것이다. 하느님께서는 그분과 함께 걸을 수 있는 은총을 베풀어 주신다. 그분께서 그 길에서 예견되거나 예측하지 못하는 모든 상황에 대해 은총을 주실 것이라는 믿음을 가져야 한다. 믿음은 일관성 단계를 활용하는 데 있어 가장 중요한 부분이다. 다른 어떤 것보다도 하느님의 사랑과 은총을 꾸준히 신뢰하는 것이 중요하다.

나는 대학 총장으로서 많은 결정을 내리는 과정에서 수년에 걸쳐 계획을 세우시는 하느님을 믿어야 한다는 사실을 분명히 깨달았다. 처음 총장에 취임했을 때 나는 앞으로 대학이 나아가야 할 방향에 대해 몇 가지 중요한 결정을 내렸다. 이 결정은 잇따른 미래의 결정과 결단력에 기초가 되었다. 이 결정 가운데 일부는 거대한 변화였고 많은 비용이 들었으며 위험이 따랐다. 하지만 이미 진행 중인 대학 재개발 계획의 일부였으므로 계획에 착수할지 결정하는 것은 비교적 간단한 일이었다.

1974년 스튜벤빌 대학교 총장이 되었을 때, 학교에는 많은 문제가 있었다. 등록생이 감소하고 재정은 위태로웠으며 학생과 직원은 학교에 만족하지 않았다. 그러나 가장 절실하게 해결해야 할 문제는 그리스도교, 가톨릭, 프란치스코회의 비전을 회복하는 일이라고 생각했다. 그럼 어디서부터 시작해야 하는가?

나는 이 질문에 대한 답을 찾기 위해 특별히 기도했다. 그리고 학생들의 사회 생활과 영성 생활에 관심을 기울여야 할 필요성을 강하게 느꼈다. 학생들은 거칠고 무기력했으며, 음주와 섹스에 빠져 있었고, 영성 생활 또한 결핍되어 있었다. 학생들의 삶에는 쇄신이 필요했다.

나는 기도 중에 학생들을 위한 '가정'의 개념을 떠올렸다. 학생들을 위한 가정이란, 노련한 조언자의 감독 하에 학생들이 소규모 그룹을 이루는 형태였다. 조언자는 기도와 토론, 앞으로의 계획과 사회 활동을 위해 매주 학생들을 만났다. 가정 개념의 학생 그룹을 만드는 방안은 그 자체로는 비교적 논쟁의 여지가 없었고 실제로 드문 일도 아니었다. 다만 논쟁을 일으키는 것은 가정을 의무화하자는 나의 제안이었다. 나는 대학에 의무 가정을 두는 것이 주님께서 바라시는 우선순위라고 생각했고 학생들을 위한 가장 좋은 방법이라고 생각했다.

다음 단계는 신뢰하는 동료들과 함께 이 방안을 시험하는 것이었다. 이 방안은 대학의 주요 정책이 되었다. 나는 지도부가 대학을 어디로 이끌고 싶어 하는지를 대담하게 밝혔다. 물론 이 방안을 실현하는 일에는 논란의 여지가 있었다. 심지어 학생 상당수가 거부할 수도 있었다. 그래서 우리는 모든 측면에서 이 방안을 검토했다.

이 방안이 대학의 비전과 일치할까? 학생 개인을 위한 회심의 수단이 될까? 대학 캠퍼스의 사회적이고 영성적인 분위기에 긍정적인 영향을 미칠까? 우리가 해낼 수 있을까? 우리는 큰 변화를 위한 대가를 기꺼이 치렀는가? 소규모 학생 그룹으로 이루어지는 의무 가정을 위해 교수들과 행정 직원들은 어디에 에너지를 투입해야 하는가? 대학의 최고 관리자와 직원들은 그 제안에 충분히 동의했는가? 회의적인 지지자에게 이 제안을 이해시킬 수 있을까? 나는 자발적으로 참여한 학생들의 의무 가정을 자세히 살피고 평가에 참여한 학생들에게 질문을 했다. 그리고 기도 안에서 지속적으로 이 방안에 대해 생각했다. 이 방안이 하느님께서 원하시는 것인가?

학생 가정을 추진하면서 공공연한 반대와 수동적 공격 성향을 지닌 사람들의 저항에 부딪쳤다. 교수와 직원들은 의무 학생 가정을 만드는 데 상당한 에너지를 투자했다. 일부 학생들은 이 정책을 결코 좋아하지 않았고, 어떤 학생들은 의무 가정 때문에 복학하지 않았다. 하지만 전반적으로 큰 성공을 이루었다.

의무 가정은 학생들 사이의 익명성과 냉소를 타파했고, 캠퍼스 분위기도 빠르게 바뀌었다. 학교는 행복하고 건설적이고 영적으로 살아 있는 환경으로 바뀌어 갔다. 대학에서 있었던 다른 변화들도 여기서 나타난 본보기를 따랐다. 지나고 보니 당시 나는 이 책에서 제시한 결정 내리기의 다섯 단계를 활용했었다. 이 과정은 미래의 결정 내리기를 위한 모델이 되었고, 학생 의무 가정에 대한 생각은 우리의 후속 제안과 계획에 활용된 일관성 단계의 주요 부분이 되었다. 우리는 다음과 같은 질문을 했다.

이 방안이 대학 교육을 위한 그리스도교, 가톨릭, 프란치스코회의 비전을 제시할까? 이 방안에 영향을 받는 이들의 마음과 정신을 회심으로 이끌까? 우리는 이 방안을 실행할 재정적, 인적 자원이 있는가? 이것을 함으로써 할 수 없게 되는 것은 무엇일까? 우리가 하고 있던 일과 일치하는가? 하느님께서는 무엇을 원하시는가?

학생 의무 가정을 결정한 후에도 많은 계획이 있었다. 그 계획은 여름 학회 프로그램과 양질의 신학 전공 프로그램을 개발하고, 성지순례 사무실을 열고, 그리스도교 간호학 학사 학위, 신학 석사 프로그램, 명예 프로그램, 가톨릭 문화 프로그램을 개설하고, 영적 성장을 위한 평생 교육 과정을 개발하는 것이었다. 이러한 계획은 초기에 형성되었고, 그에 따른 변화는 계획과 일치하고 있었다.

일관성 단계에서는 다음과 같은 다섯 가지 질문을 할 수 있다.

- 누가? 주님께서는 보통 배우자나 영성 지도 신부, 가까운 친구나 가족 구성원, 좋아하는 영적 작가나 강연자 등 다른 사람을 통해 당신의 삶에서 활동하시는가?
- 무엇을? 하느님과 함께하는 삶을 위해 어떤 형태의 일을 해야 하는가? 특별한 경험이나 기술을 습득한 적이 있는가?
- 어디에서? 교회에서, 강가를 산책하며, 바닷가에서, 연구 중에, 이처럼 특정한 장소에서 하느님의 음성을 듣는가?
- 언제? 연례 피정 중에, 영성체 후 침묵 기도 중에, 사순 시기에, 아니면 다른 때에 하느님의 이끄심을 느끼는가?
- 어떻게? 개인적인 기도나 다른 사람의 말을 통해서 주님의 말씀을 '듣거나' 성경이나 영적 독서에서 그분의 말씀을 '이해하는가'?

이 질문에 신중히 대답함으로써 하느님께서 당신의 삶에서 행동하시는 방식과 하느님의 뜻을 진정으로 식별했음을 확신하는 기준을 알 수 있어야 한다.

나는 학생들과 함께하면서 많은 학생에게 도움이 된 다

른 질문들도 개발했다. 이 질문은 하느님의 뜻을 파악하는 내면의 감각과 영적 독서를 통해 알아낸 하느님의 계시를 비교하도록 도와줄 것이다. 나는 이 연습을 '그것이 하느님의 뜻인가?'라고 부른다. 학생들은 기도하는 시간 중에 스스로에게 다음 질문을 한다.

- 성경의 하느님이신가?
- 과거의 내 삶에 영감을 불어넣으신 하느님이신가?
- 하느님의 가치에 맞는 일일까?
- 과거에 다른 사람을 통해 내게 말씀하신 하느님이신가?

이러한 질문은 일관성 단계의 핵심을 드러낸다. 또 다른 유용한 질문은 특정한 방향을 따르는 데에 드는 대가를 포함하는 것이다. 얻는 것에 비해 대가가 너무 큰가? 물론, 하느님께서는 우리에게 죄를 저지르거나 부도덕한 짓을 하라고 요구하지는 않으실 것이다. 그러나 때로는 더 낮은 선을 추구하는 것이 하느님께서 우리에게 이미 주신 더 높은 선을 심각하게 훼손하는 상황을 만들 수도 있다. 가령 새로운 벤처 사업을 시작하는 것은 가족을 돌보는 일을 소홀해지도록 할 수 있다. 자원봉사 활동은 이미 정해진 약속을 이행하는 것을 방해할 수 있다. 신규 재정 지원을 할 때에는 먼저 지원하려는 단체를 자세히 조사해야 한다. 그 대가는 말 그대로 너무 클 수 있기 때문이다. 우리는 이 단계를 조심해야 한다. 하느님께서는 우리가 가진 모든 것, 심지어 목숨까지도 바치라고 요구하실 수 있다. 대가가 큰 소명이 그분으로부터 왔고 그분을 위한 것인지를 확실히 해야 한다.

프란치스코회의 막시밀리아노 마리아 콜베 성인은 폴란드 아우슈비츠의 나치 수용소에서 자신의 생명을 계속해서 요구하시는 하느님의 음성을 들었다. 그는 친구들에게 삶은 준비, 사도직, 고통 세 부분으로 나뉜다고 말했다. 폴란드에서 독일군이 유대인을 체포하기 시작하자 콜베와 친구들은 세 번째 단계, 고통의 단계로 들어서고 있었다. 그는 친구들에게 처음 두 가지를 받아들인 것처럼 기꺼이 고통을 받아들이라고 촉구했다. 콜베는 아우슈비츠 수용소에 갇히자 행동으로 자신의 말을 실천했다. 부족한 음식을 다른 사람에게 나눠 주었고 사람들이 편안히 잘 수 있도록 하는 데 시간을 보냈다. 경비원들을 용서했고 심지어 고해성사도 주었다.

그러던 중 죄수 열 명이 탈옥을 시도하다가 기아 벙커에서 서서히 죽어 가는 벌을 받게 되었다. 죄수 중 하나인 프란체스코 가조브니체크가 "내 아내와 자녀들은 어떻게 하면 좋은가?"라고 소리쳤다. 그 외침에 콜베는 고통을 받아들이라는 과거 자신의 말과 일치하는 주님의 부르심을 들었다. 그는 고통받던 죄수를 대신해 벙커로 들어갔다.

콜베는 "서로 사랑하여라. 내가 너희를 사랑한 것처럼 너희도 서로 사랑하여라."(요한 13,34), "친구들을 위하여 목숨을 내놓는 것보다 더 큰 사랑은 없다."(요한 15,13)라고 하신 예수님의 복음 명령을 따랐다. 요한 복음사가는 "그분께서 우리를 위하여 당신 목숨을 내놓으신 그 사실로 우리는 사랑을 알게 되었습니다. 그러므로 우리도 형제들을 위하여 목숨을 내놓아야 합니다."(1요한 3,16)라고 했다.

> 질문하기

결정에 일관성이 있는가?

❶ 누가? 하느님께서 나를 그분의 뜻으로 이끄시기 위해 과거에 활용하셨던 이들과 일치하는가?

❷ 언제? 내가 과거에 그분의 음성을 들었듯이, 같은 시간에 혹은 같은 방식으로 그분의 부르심을 들었는가?

❸ 어디서? 내가 과거에 그분의 음성을 들었듯이, 같은 장소에서 혹은 같은 상황에서 그분의 음성을 들었는가?

❹ 무엇을? 내 삶에서 이전에 들었던 하느님의 부르심과 일치하는가?

❺ 어떻게? 하느님께서 과거에 나를 다루셨던 방식과 일치하는가?

❻ 얼마나? 그 결정으로 인해 나타날 수 있는 대가가 내가 정한 우선순위에 일치하는가?

결정을 확인해 주는 것은 무엇인가?

결정 내리기는 하나의 과정이라고 할 수 있다. 때때로 우리에게는 '결정을 내린다'라고 말할 수 있는 순간이 온다. 그 순간은 회의와 기도 시간, 찬성과 반대를 결정하는 때 등이다. 현실에서 이러한 확신의 순간에는 결정을 '확인'하는 일이 뒤따른다.

우리는 어떤 것을 선택할 때, 이 행동이 하느님께서 드러내신 뜻에 일치하는지 그리고 회심의 마음으로 우리와 다른 사람들을 더 가까이 이끄는지 기도하며 검토한다. 그리고 하느님께서 과거에 우리 삶에서 하셨던 것과의 일관성을 살피고, 어떤 것을 택하라는 메시지가 우리에게 친숙한지

여부도 고려한다. 이렇게 해서 일단 잠정적으로 결정을 내리면, 이 결정을 확인하는 일이 매우 중요하다. 그러므로 기도하듯 신중하게 확인해야 한다.

우리의 결정에는 대개 어떤 형태로든 다른 사람들이 관여하게 된다. 우리는 주변 사람들에게 생각을 이야기하고 견해를 듣는다. 그런가 하면 상황으로 확인이 되기도 한다. 길이 열리는지, 가능성이 현실로 분명히 나타나는지 확인해 볼 수 있는 것이다. 또 어떤 결정은 그로 인한 나쁜 열매뿐만 아니라 좋은 열매까지 보고 난 후에 확인되기도 한다.

가끔 주님께서는 초자연적인 사건이나 자연적인 사건의 기적적인 표시인 표징을 통해 결정을 확인해 주시기도 한다. 때로는 최종 결정을 내리기 전에 확인이 이루어지기도 하고 최종 결정을 내린 후에 확인이 이루어지기도 한다. 물론, 거의 모든 결정은 이후에도 다시 할 수 있다.

카티는 40세가 되자 정규직으로 취업하는 것을 진지하게 생각하기 시작했다. 카티의 두 자녀는 고등학생이었는데, 집에서 일하는 시간이 줄어들면서 자녀의 대학교 학비가 걱정되었기 때문이다. 변호사 사무실에서 비정규직 접수 담당자로 일하는 것은 별로 즐겁지 않았고 월급도 많지 않았다. 그래서 다른 정규직 일자리를 구하거나 학교에 다시 다녀야겠다고 생각했다.

몇몇 친구들은 곧바로 새로운 직장을 구하는 것이 좋겠다고 조언했다. 어떤 친구는 "넌 부동산에 대해 잘 알잖아."라고 했고, 어떤 친구는 "학교에서 시간 낭비하지 마. 학비도 비싼데." 하고 말했다.

그렇지만 남편 월터는 카티가 학교에 다니는 것을 진지하게 고려해야 한다고 생각했다. 월터는 아내가 차근히 준비하여 전문직으로 일하면 더 행복할 수 있고 장기적으로 더 많은 돈을 벌 수 있을 것이라고 생각했다. 카티의 학비는 저축해 둔 돈과 학자금 대출로 댈 수 있었다. 카티의 언니 앤도 이 생각에 동의했다.

그럼 어떤 공부를 해야 할까? 카티는 경영학, 간호학, 사회복지학 세 가지 전공을 고려했다. 그리고 3개월 동안 각 전공을 분석해 보았다. 학위 프로그램, 학비, 학위를 취득할 때까지 걸리는 시간을 살펴보았다. 입학할 수 있을지,

프로그램은 얼마나 잘 짜여 있는지, 각 분야의 지역 고용 전망은 어떠한지, 얼마나 벌 수 있는지 등을 살피며 수십 명의 사람들과 이야기를 나누었다.

    마침내 사회복지학 석사 학위를 취득하기로 결정했다. 학비는 비교적 저렴하지만 직장을 구하는 데는 더 긴 시간이 걸리는 분야였다. 그러나 카티는 사회복지학에 자신이 만족할 것이라 생각했다. 월터, 앤, 그리고 카티를 잘 아는 사제 모두가 이에 동의했다.

    우리는 스스로 결정을 내리지만, 대부분 혼자 결정하지 않는다. 이때 주변 사람들의 도움은 여러 형태로 나타날 수 있다. 때때로 카티의 경우처럼 다른 사람과 함께 상의하지 않고서는 우리 앞에 놓인 선택지를 제대로 검토할 수도 없다. 어떤 결정은 고용주, 대학교 입학 사정관, 결혼하고 싶은 사람 등 다른 사람의 동의가 필요할 수도 있다. 어떤 선택지로 인해 삶에 영향을 받게 되는 사람들이 있다면, 그들과 합의점을 찾아야 하는 경우도 있다. 어떤 결정은 합의 대신 토론이나 상의가 필요하다. 어쨌든 최종적으로 결정을 내리기 전에 다른 사람의 도움을 구하는 것은 언제나 좋은 생각이다. 중요한 결정일수록 광범위하게 상의하는 것이 더 중요하다고 할 수 있다.

이것은 단순히 인간적이고 실용적인 수준에서도 좋은 의미가 있다. 우리의 삶을 변화시키는 모든 요인을 확인하고 따져 보려고 최선을 다할 수는 있지만, 스스로 이를 다한다는 것은 쉽지 않다. 카티는 직장을 바꿀 생각을 하기 시작할 때 전문직에서 요구하는 학위 요건이나 직업 전망에 대해 거의 알지 못했다. 많은 정보를 취합하고 평가해야 했고, 정보를 얻기 위해서는 많은 사람과 이야기를 나누어야 했다. 대학교와 같은 큰 기관의 관리자들은 '의도하지 않은 결과의 법칙'을 알고 있다. 아무리 신중하게 계획한다고 해도, 중대한 변화는 누구도 예상하지 못한 결과를 낸다는 것이다. 다른 이들과 상의를 하는 주된 이유는 가능한 한 많은 결과를 예상하고 고려하려는 것이다.

상의하고 토론하는 것은 우리 스스로를 속이는 인간의 타고난 성향 또한 상쇄할 수 있다. 우리는 더 큰 집, 성능이 더 좋은 컴퓨터, 석사 학위, 아름다운 여성, 매력적이고 세

심한 남자를 원한다. 원하는 대상을 획득하는 데 들여야 하는 대가와 그에 따르는 위험을 아는지 모르지만, 우리의 타고난 성향은 문제의 심각성을 최소화하고 문제를 다루는 우리의 능력을 과대평가하기도 한다. 그리고 무언가를 간절히 원할수록 자신이 원하는 것이 최선의 결정이라고 스스로를 설득하려는 경향이 짙어진다.

우리가 현명하고 겸손하다면, 다른 이들은 우리가 인간 본연의 약점을 극복하도록 도와줄 수 있다. 의사결정에 다른 사람들을 참여시켜야 하는 이유는 우리가 공동체를 이루는 존재이기 때문이다. 우리는 가족과 사회에 속하며 친구나 동료 네트워크의 일부이기도 하다. 그리고 그리스도인 신앙 공동체에 속하기도 한다. 오늘날 이러한 공동체의 유대는 인류 역사상 그 어느 때보다도 느슨하다고 할 수 있다. 개인의 자율성과 자유는 문화적으로 높은 가치가 있다. 하지만 자율성은 우리 본성에 정면으로 어긋난다. 결정은 의무와 관계 안에서 내려져야 한다.

다른 사람들의 도움은 다양한 형태로 나타날 수 있다. 이때 핵심은 결정을 내릴 때 도움을 주는 사람이 당신을 아는 사람이어야 한다는 것이다. 당신이 그 사람과 평상시에도 연락하고 있어야 하며, 두 사람은 정신적으로 잘 맞아야 한다. 또한 그 사람은 당신의 강점과 약점을 충분히 알고 있어야 한다.

카티의 지인 중 일부는 그녀가 부동산업을 해야 한다고 생각했다. 물론 카티가 부동산업을 해서 큰돈을 벌 수 있었을지도 모른다. 하지만 다른 욕망을 충족시키지는 못했을 것이다. 평범한 친구들은 이 사실을 몰랐지만 남편과 언니, 영성 지도 신부는 이 사실을 알았다. 우리는 이처럼 자신이 내린 결정에 대해 조언을 잘해 줄 수 있는 사람들을 찾아야 한다. 배우자, 영성 지도 신부, 가족 구성원, 친한 친구들이 우리를 잘 알고 있을 가능성이 높다.

소규모 단체는 식별과 확인을 위한 또 다른 장소가 된다. 많은 가톨릭 신자들이 꾸르실료나 성령 쇄신 운동과 같은 소규모 단체에서 활동하고 있다. 단체 안에서 서로 의미 있는 나눔을 할 만큼 높은 수준의 개방성과 신뢰를 구축하는 데는 항상 시간이 걸린다. 어떤 단체는 매우 가치 있는 단체일 수도 있고 심지어 없어서는 안 되는 단체일 수도 있다.

나는 프란치스코 수도회의 한 단체와 매주 만났다. 이 단체는 수년에 걸쳐 회원들이 바뀌었지만, 내 인생의 닻이 되어 주었다. 이 단체의 형제들은 나를 알고, 내 기쁨과 슬픔 또한 안다. 그들은 내 인생의 자세한 이야기까지 들어 주었다. 형제들은 내가 성공했던 일과 실패했던 일을 알고, 나의 바람과 희망, 죄와 유혹에 대해서도 안다. 나는 형제들에게 기도 생활에 대해 말하며, 형제들은 내 영혼이 어떤 상태인지 살핀다.

내가 가야 할 방향을 판단할 때 중요하고 어려운 모든 결정을 이 단체에 말하기도 한다. 형제들이 방향을 확인해 주면 나는 그 방향을 계속 추구해 나갈 수 있다고 느끼며 그에 따르는 어떤 헌신이든 한다. 형제들은 개인적으로도 나를 걱정하기에, 내가 피곤에 지쳐 있으면 휴가를 가야 한다고 말해 준다. 나도 형제들에게 똑같이 한다. 이것이 살아있는 교회의 모습이다.

사제와 수도자의 경우, 이러한 소규모 단체는 제2차 바티칸 공의회에서 '가정 교회'라고 부른 평신도의 가족과 동등하다. 소규모 단체는 일반인들에게도 가치가 있다. 가능하다면 성령의 이끄심을 간구하는 기도와 성령께서 이끄신다는 확신에 바탕을 둔 단체에 가입하거나 직접 설립하는 것을 고려해 볼 수 있다. 여기에는 시간과 노력이 필요하겠지만, 단체 안에서 나눔과 식별을 통해 주님의 말씀을 듣고 따르는 능력을 크게 향상시킬 수 있다.

나는 학교에 영향을 미치는 모든 중요한 결정에 대해 총장팀에 이야기한다. 총장팀이란 고위 관리자들의 소규모 단체인데, 기도를 하며 학교의 주요 관심사를 검토하기 위해 매주 만난다. 때에 따라, 결정을 내릴 때 이러한 단체를 활용해 볼 수 있다.

다만 다른 이들의 도움을 청할 때는 몇 가지를 명심해야 한다. 가장 가치 있는 충고는 당신을 잘 아는 사람, 신앙의 맹세를 함께한 사람들이 해 줄 수 있다. 다른 이들에게서도 가치 있는 정보를 얻을 수 있지만, 개인적으로 당신을 아는 이들에게 가장 의지할 수 있다.

또한 당신이 사람들에게 얼마큼 동의를 요구했는지 생각해야 한다. 친구들은 당신의 직업이나 학교를 결정하는 데 대해 거부권이 있다고 생각해서는 안 된다. 반면에 당신이 결혼하고 싶은 남성은 당신의 결정에 대해 거부할 수 있다. 사목적 권위를 지닌 사제나 개인은 특정한 행동이 하느님의 법을 어기는 것이라고 말할 때 주의해야 한다. 이와 유사하게, 배우자는 가족이 이사하고 저축한 돈을 쓰고 직장을 그만두는 등 온 가족에 중대한 영향을 미치는 문제들을 심하게 반대하는 것에 주의해야 한다.

마지막으로 말을 그만해야 하는 때를 알아야 한다. 끝없이 협의하는 게 문제가 될 수도 있다. 너무 많은 입력은 행동을 마비시킬 수 있다. 토론에 참여한 모든 사람이 의견을 내고, 모든 위험을 확인하고, 모든 장단점을 논의한 시점이 온다. 이제 결정은 당신 몫이다.

프랭크와 도나는 여섯 가족을 위한 더 큰 집이 필요했다. 마침 마음에 드는 집을 발견했지만, 집값을 마련할 수 없었다. 은행에서는 기꺼이 대출을 해 주려고 했지만, 프랭크와 도나는 매월 상환금이 부담되었다. 이 금액을 감당하려면 가계 예산 한도를 늘려야 했다. 부동산 중개업자와 은행 대출 담당자가 제안한 여러 대안은 경솔해 보일 뿐이었다. 그렇게 큰 집 마련의 꿈이 사라지고 있었다.

그 후 도나는 먼 지역의 변호사에게서 등기 한 통을 받았다. 그 안에는 도나에게 지급된 9천 달러 수표가 있었다. 작년에 돌아가신 할머니가 손주 네 명에게 유산으로 남겨 주신 것이었다. 도나는 어리둥절했다. 자신이 할머니의 유산을 받을 것이라고는 생각하지 못했던 것이다.

프랭크와 도나는 그 돈을 집 계약금으로 사용했고, 주택 담보 대출의 월 상환금은 부담 없이 갚을 수 있는 수준으로 줄었다. 프랭크 가족은 얼마 후 큰 집으로 이사했다.

톰이 갑자기 직장을 바꾸게 되면서, 새로운 도시에서 다섯 살짜리 딸이 다닐 유치원을 찾는 일이 늦어졌다. 톰과 멜라니 부부는 가톨릭 학교 부속 유치원에 딸을 입학시키려 했지만, 자리가 없었다. 그래서 딸을 공립학교 유치원에 보내기 시작했는데, 이틀 후 가톨릭 학교 교장이 부부를 불렀다. 교장은 유치원에 자리가 생겼다고 말했다. 딸이 가톨릭 학교 부속 유치원에 입학할 수 있게 된 것이었다. "우린 운이 좋아!" 하고 멜라니가 외쳤다.

우리는 종종 유리한 상황이 발생하여 결정을 바꾸곤 한다. 상황이 좋아지거나 나빠지며, 뜻밖의 주요 인사들과 마주치거나, 친구들과 대화하는 중에 새로운 일자리에 관한 이야기를 듣기도 한다. 주님께서는 우리가 바라는 것을 하는 데 드는 시간이나 돈을 특별한 방식으로 마련해 주신다.

사실, 유리한 상황이라는 것은 매우 평범해서 우리는 종종 운이 좋은 탓으로 돌리기도 한다. 어려운 상황이 사라지고 원하는 일을 할 수 있게 되면 멜라니처럼 단지 운이 좋다고 생각하는 것이다. 하느님께서는 유리한 상황을 통해 우리에게 메시지를 보내고 계신다. 사람들과의 만남, 매일 하는 일, 하루 일과나 지출을 결정하는 일 등 일상의 구체적인 상황들은 모두 하느님께서 활동하시는 영역이고, 그분의 도구이기도 하다. 우리가 기도해 온 일이 이루어지는 방향으로 상황이 변한다면, 우리가 추구하는 방향이 하느님의 뜻이라고 그분께서 확증해 주시는 일로 간주해야 한다.

나는 스튜벤빌 대학교의 재정 지원을 위해 열심히 기도하던 때에 우연히 두 사람을 만나게 되었다. 그중 한 사람은 내가 기도를 하려고 조용한 곳에 머물던 어느 날, 사무실에 찾아와 나를 만나고자 했다. 이렇게 누군가를 만나는 일은 거의 없었지만, 그를 무조건 만나라는 강한 느낌이 있었다. 나는 그의 개인적인 부탁을 도와줄 수 있었다. 이후 그는 자주 나를 찾아왔고 우리는 친구가 되었다.

여행 중 오찬에서 또 다른 남자를 만났다. 뷔페에 줄 서 있는 그를 보았을 때 그와 이야기를 나눠야 한다는 느낌을 받았다. 그래서 이야기를 나누던 사람들에게 양해를 구하고 식당을 가로질러 그에게 가서 나를 소개했다. 그는 웃으며 "신부님, 질문이 있습니다. 오늘 미사 복음 말씀에서 '항상 기도하십시오'라는 말씀을 들었습니다. 이것이 어떻게 가능합니까?"라고 물었다. 이 질문으로 대화를 이어 갔던 우리는 친구가 되었다.

결국 두 사람 모두 나의 중요한 후원자가 되었다. 나는 당시 분주하게 살아가던 세 사람을 하나로 모으신 하느님의 힘을 깨달았다. 누군가는 내가 수완이 좋은 대학 총장이라 부유한 두 사람과 관계를 잘 형성해서 마침내 은인으로 만들었다고 했다. 하지만 나는 그것보다 더 중요한 것이 있음을 알았다. 나는 재정적인 도움을 간절히 기도하던 시기에 두 사람을 우연히 만나게 되었다. 그들과의 관계는 예상보다 순조롭게 발전했다. 나는 이 상황을 주님께서 내가 나아갈 방향을 확인시켜 주시는 것으로 받아들였다.

물론 상황은 '확인'되는 것만이 아니라 '불일치'될 수도 있다. 시간과 돈이 마련되지 않는다면, 대학에서 당신을 받아 주지 않는다면, 그 여자가 데이트를 거절한다면, 내가 원하는 일자리가 다른 사람에게 주어진다면, 당신은 이것을 다른 방향을 바라보라는 표징으로 받아들일 수 있다. 달리 말하면, 우리 앞에 어려운 상황이 반복될 경우 성령께서 이끄셨다고 생각했던 결정을 재검토하게 될 수 있다는 것이다.

우리는 항상 믿음의 눈으로 상황을 보아야 한다. 사실, 유리하거나 불리한 상황이 전개되면 항상 그럴듯하고 영성적이지 않은 설명이 있다. 앞에서 본 도나의 이야기에서, 상속 수표가 바로 그 순간 도착하여 새로운 집을 사는 결정을 내리도록 했다. 하지만 수표를 우편으로 보내온 사실만 보더라도 그들이 재정적으로 어려움에 처한 상황을 전혀 모르는 변호사가 보냈음을 알 수 있다. 톰과 멜라니의 경우, 상황이 정상적으로 흘러갔기에 자신들이 선택한 유치원에 딸을 보낼 수 있었다. 이렇듯 자연스럽게 흘러가는 상황에서 우리는 자칫 영적인 중요성을 놓칠 수 있다.

영적 중요성은 맥락에서 나온다. 우리가 기도하듯이 어떤 방향을 추구하고 있다면, 혹은 하느님께서 과거에 우리를 대하셨던 것과 일치한다면, 그 다음에 유리한 상황이 나타나고 어려운 상황이 사라지는 것을 '확인의 표징'으로 볼 수 있다.

조지가 리버뷰 요양원에서 근무하게 된 첫날, 심각한 문제가 발생할 징조가 보였다. 사회복지국 책임자인 조지에게 사무실이 주어지지 않았던 것이다. 상사는 "회사에 공간이 너무 부족해요. 사무실을 마련해 드릴 때까지 식당에서 작업을 할 수 있을 거예요."라고 말했다.

그런데 3개월이 지나도록 상사는 조지의 사무실을 마련하기 위한 어떤 노력도 하지 않았다. 다른 문제들도 있었다. 조지가 약속받은 프로그램 개발비는 결국 마련되지 않았고, 요양원 관리자들은 끊임없이 다투었다. 직원들은 교육이 잘 안 된 것 같았고 이직률도 매우 높았다. 주택 문제를 해결하기 위해 계획을 세웠지만 역시 실행되지 않았고, 어떤 문제를 즉시 해결해 주겠다던 구체적인 약속도 깨졌다. 조지는 자신이 심각한 위기 속에서 야근에 주말 근무까지 하고 있다는 사실을 깨달았다. 그는 끊임없이 압박을 받고 있었고, 환자 관리는 수준 이하였다. 직원들 사이의 관계는 경쟁과 정치로 망가져 있었다.

조지는 책임자, 관리자와 많은 대화를 나눈 후에 리버뷰 요양원이 변화하지 않을 것이라고 결론을 내렸다. 그리고 이 일을 맡기로 했던 자신의 결정이 실수였다고 결론지었다. 이 결정으로 훗날 어떤 좋은 일이 생기더라도 말이다. 조지는 다른 일자리를 찾기 시작했고, 마침내 일자리를 찾았을 때 요양원을 그만두겠다고 통보했다.

갈라티아서 5장 22절에서 23절은 바오로 서간에서 가장 친숙한 구절 가운데 하나이다. "성령의 열매는 사랑, 기쁨, 평화, 인내, 호의, 선의, 성실, 온유, 절제입니다." 이 구절은 우리의 결정이 옳다고 확인하는 데에도 매우 유용하다. 우리가 정하려는 방향이 올바른 방향이라는 확인이 필요하다면 '열매'를 평가해야 한다. 어떤 열매는 사랑, 기쁨, 평화라는 내면의 마음 상태를 나타내는 표시이다. 어떤 열매는 친절, 관대, 충실과 같이 외부적인 관계에서 관찰할 수 있다. 바오로는 성령의 열매와 육의 행실을 대조한다. 육의 행실에서는 많은 것이 분명하게 보인다. 그것은 '적개심, 분쟁, 시기, 격분, 이기심, 분열, 분파, 질투'(갈라 5,20-21)와 같은 것들이다. 육의 행실이 존재할 때 우리가 이것으로 기울고 있다면 결정해서는 안 되고, 이미 결정을 내렸다면 다시 고려해 봐야 한다고 분명히 말한다.

프란치스코회에 입회하기로 결정할 때 성령의 열매는 나에게 중요했다. 나는 1년 넘게 하느님께서 내가 사제가 되기를 원하신다는 것을 알고 있었다. 하지만 어디에 소속되어야 하는지는 몰랐다. 나는 교구나 여러 수도회를 생각했다. 스트레스와 혼란이 가득한 시기였다. 내 성소에 관해서는 사람들에게 거의 말하지 않았고, 가족에게도 마찬가지였다.

펜실베이니아 주 로레토에 있는 프란치스코회를 방문했을 때 나는 더 이상 성소에 대해 고민할 필요가 없다는 것을 알았다. 마치 집에 돌아온 것 같은 기분이 들었다. 프란치스코 율수 3회에 입회하기로 결정한 후 나는 즉시 바오로 사도가 말한 성령께서 주시는 내면의 열매를 경험했다. 기쁨이 밀려오면서 마침내 내 삶의 방향을 결정했다는 깊고 심오한 평화를 느꼈다. 프란치스코회의 수도회 장상들은 내 결정을 승인했다. 그들은 나의 성소를 식별하고 나를 신학교에 입학시켰다. 물론 수도회 장상의 승인이 최종 결정은 아니었다. 최종 결정은 수년간의 준비와 식별 후에 사제 서품과 함께 찾아왔다. 수 세기 동안 수도회에 입회했던 많은 수도자가 이와 같은 방식으로 수도 생활을 했다.

  내 계획을 가족에게 말했을 때 가족들은 성령의 열매를 보여 주지 않았다. 어머니는 외동아들인 내가 자녀를 낳지 않을 거라는 말을 듣고 슬픔에 잠겼다. 어머니와 이혼한 아버지는 내가 광신도들에게 세뇌당했다고 생각했다. 아버지는 나의 재능과 하버드 법학 학위가 쓸모없게 되었다고 말했다. 그리고 "네가 엄마의 마음을 아프게 했다."라며 화를 냈다.

  그럼에도 나는 계획대로 진행하여 신학교에 들어갔다. 인생에서 중요한 결정을 내릴 때는 가족의 반응을 신중하게 고려해야 한다. 하지만 사제가 되라는 하느님의 부르심은 분명하고, 강력하며, 일관된 것이었다. 그리고 여러 면에서 확인된 바 있었다. 돌이킬 수 없는 것이 되기 전에 내 성소를 시험할 시간은 충분했다.

그 후 7년 동안 성령의 열매는 나와 가장 가까운 세 사람의 삶을 변화시켰다. 어머니와 아버지는 모두 충실한 가톨릭 신자로 살다가 돌아가셨다. 어머니는 특별한 변화를 체험했는데, 매일 묵상 기도를 하면서 지난 몇 년을 보냈다. 양아버지는 가톨릭으로 개종하여 신앙을 받아들였다.

가족 안에서 성령의 열매가 나타난 것이 내 성소를 확인하는 데 직접적인 역할을 한 것은 아니었다. 신학교에 다니는 동안 사랑, 기쁨, 평화, 자기 통제와 같은 성령의 열매를 지속적으로 맛보았던 경험은 성소를 확인하는 데 중요한 역할을 했다. 한편 내 가족의 변화는 간접적인 역할을 했다. 그것은 내가 올바른 길을 걷고 있다는 또 다른 신호였다. 내가 내린 충격적이고 실망스러운 결정은 가족들의 삶에 은총의 원천이 되었고, 주님을 사랑하고 섬기라는 초대 말씀을 듣는 기회가 되었다. 나는 이 초대에 대해 주님께 찬미와 감사를 드린다.

결정의 순간에는 성령의 열매를 찾아야 한다. 마음을 정해야 할 때 초조하고 불안하거나 불확실하고 혼란스럽다면, 잠시 멈추고 생각해 보아야 한다. 의도한 방향이 정말로 주님의 뜻이라면 혼란을 해결해 달라고 주님께 특별히 부탁해야 한다. 영성 지도 신부, 가까운 친구, 나를 잘 알고 있으며 신앙 약속을 공유한 사람들과 다시 한번 상의해야 한다.

선택한 길을 따라 살아갈 때에도 성령의 열매를 찾아야 한다. 나는 성령의 열매를 신학교에서 찾았다. 하지만 조지는 리버뷰 요양원에서 일하는 동안 성령의 열매를 발견하지 못했다. 성령의 열매를 측정하는 공식은 없다. 그럼에도 우리는 성령의 열매를 찾아야 한다. 성령의 열매가 있는지 없는지를 확인의 표징으로 이해할 수 있다.

주님께서는 영원한 확신이 아니라 충분한 은총을 약속하신다. 그러나 우리가 삶을 사는 것보다 앞서 은총을 베푸시지 않는다. 우리는 종종 실제로 행동하기 전까지는 사랑, 기쁨, 평화, 인내, 친절, 관대함, 충실함, 온화함, 자기 통제 등을 경험하지 못할 것이다. 우리가 성령께서 이끄시는 길을 향해 출발할 때 비로소 그분의 열매가 그곳에 있을 것으로 기대할 수 있다.

기적적인 표징과 경이로움은 결정을 최종 확인하는 원천이 된다. 이 두 가지는 명백히 초자연적인 현상을 포함한다. 초자연적 현상이란 환시, 말씀의 은사, 꿈, 치유뿐만 아니라 아주 특별해서 초자연적인 설명이 필요해 보이는 자연 현상과도 연관성이 있다.

성경에는 표징과 경이로움을 통해 확인되거나 방향을 알게 된 예가 많다. 제자들은 예수님의 기적으로 그분의 권위를 확인했기에 복음을 선포했으며 하느님 나라를 선언했다. 마리아와 요셉은 꿈속에서 헤롯으로부터 도망가라는 경고를 받는다. 베드로는 꿈에서 복음이 이방인들에게도 설교되어야 함을 알게 되었다. 하느님께서는 파라오에게 전하는 메시지로 일곱 가지 전염병을 보내셨다. 또한 그분께서는 불타는 가시덤불에서 모세에게 말씀하셨다. 시에나의 가타리나 성녀, 아빌라의 데레사 성녀, 아시시의 프란치스코 성인, 파도바의 안토니오 성인, 요안나 아르크 성녀, 비오 성인과 같은 이들도 환시와 말씀의 은사를 통해 표징을 확인했다.

물론 우리 시대의 사람들도 이 같은 경험을 한다.

표징과 경이로움은 복잡한 식별의 문제를 드러낸다. 여기서 이 문제를 자세히 논의할 수는 없지만, 다음의 몇 가지 사항을 지적하고 싶다.

먼저, 표징과 경이로움을 찾아 나서는 것은 별 의미가 없다. 사실, 이 두 가지를 추구한다면 자신을 속이는 위험을 무릅쓰는 것이다. 표징과 경이로움은 기적과도 같으며, 자연법칙을 벗어나서 일어난다. 또한 표징과 경이로움은 아주 드물게 나타난다. 이것이 평범하다면 경이로움이 아닐 것이다. 우리는 가끔 그런 일이 일어난다는 사실을 아는 것만으로도 충분하다. 주님께서는 우리를 이끌고자 하는 길을 확인시켜 주시기 위해 표징과 경이로움을 사용하곤 하신다.

이것이 실제로 일어날 경우, 식별의 기본 과제는 그 현상이 하느님에게서 오는지 알아내고, 하느님에게서 온다면 어떤 목적이 있는지를 알아내는 것이다. 이 결정은 무엇보다도 표징을 받는 사람과 표징의 식별을 도와주기 위해 상담하는 사람의 책임이다.

우리는 표징과 경이로움에 주의해야 한다. 영적인 영역

은 악령으로도 채워진다. 악령은 하느님의 충실한 아들과 딸들에게 영구적인 해를 끼칠 수는 없지만, 거짓 표징을 통해 혼란을 일으킬 수 있다. 초자연적인 표징을 경험했다 해도 결론을 내리는 일은 항상 신중해야 한다. 또한 다른 사람과 논의하지 않고서 기적적인 표징을 근거로 중대한 결정을 내려서는 안 된다.

질문하기

결정을 확인해 주는 것은 무엇인가?

❶ 결정에 관여한 사람들은 이 결정이 옳다고 확인해 주는가?

❷ 결정을 확인해 주는 명백하게 기적적이거나 영적인 표징이 있었는가?

❸ 나를 잘 알고, 경건한 방향으로 이끌어 줄 수 있는 사람들이 이 결정이 옳다고 확인해 주는가?

❹ 결정이 가능한 상황인가?

❺ 하느님의 뜻이 맞는지 아닌지 확인해 주는 다른 표징이 있는가?

마음속에서 '네'라고 답하는가?

잭과 안젤라는 1년 동안 아이 입양에 관해 끊임없이 이야기하고, 생각하고, 기도했다. 두 사람은 결혼한 지 5년이 지나도록 임신이 되지 않아 불임 치료를 세 번이나 받은 상황이었다. 병원에서 임신에 성공할 수도 있고 성공하지 못할 수도 있다고 했기에, 신중하게 입양 가능성을 살폈다. 두 사람 모두 아이를 매우 원하고 있었으며, 입양을 계속 진행하라는 표징이 있는 것 같았다.

아이를 입양하는 것은 잭과 안젤라의 결혼관과 확실히 일치해 보였다. 부모와 친한 친구, 상담을 해 준 사람들도 입양 계획을 듣고는 좋은 생각이라고 했다. 잭은 좋은 직장에 다녔고 자기 집을 소유하고 있었으며 저축도 해 두었기에 대부분의 젊은 부부들보다 경제적으로 안정적이었고, 안젤라는 전업주부였다. 입양 기관의 사회복지사는 두 사람이 신청한 입양이 승인될 것이라며 입양할 아이를 찾으면 말해 주겠다고 했다.

물론 위험 요소도 있었다. 잘 알려진 입양 관련 문제들은 잭과 안젤라를 불안하게 했다. 입양 가정은 세월이 흐르면서 좋은 관계를 유지하기 어려울 수 있다는 말도 들었다. 기관에서는 적합한 아이를 찾을 것이라고 장담은 할 수 없다고 했다. 부부는 입양을 원하는 것이 자신들의 이기적인 마음 때문일까 봐 걱정했다. 한편으로는 자신들이 낳은 아이를 기르고 싶었지만 임신이 가능할지 모르는 일이었다.

입양은 좋은 방법인 것 같았다. 그들은 입양을 결정하기 위해 여러 번 식별했다. 몇 달간 망설이며 이야기를 나누고, 기도하고 또 기도했다. 두 사람은 입양을 찬성하는 이유와 반대하는 이유를 적어 보았는데, 찬성하는 이유가 반대하는 이유보다 훨씬 많았다. 두 사람은 입양을 결정했고, 그 이유도 완벽히 이해했다. 하지만 이내 두 사람의 마음은 마비되었다. 뭔가 '느낌'이 좋지 않았다.

결정의 마지막 단계에서는 이 행동이 실제로 옳다고 내적으로 확신해야 한다. 마음에서 이 행동을 수용하는가? 이 방향이 하느님의 뜻이라는 도덕적 확신이 있는가? 앞의 네 단계에서는 마음을 정하는 것을 강조했다. 의도한 방향이 하느님의 법과 일치하는가? 이 방향이 우리와 다른 사람들을 하느님께 더 가까이 다가갈 수 있게 하는가? 주님께서 과거에 이끌어 주신 방식과 이 방향이 일치하는가? 이 방향이 다른 사람들의 조언, 유리한 상황, 성령의 열매로 확인되는가? 다섯 번째 단계에서 말하는 확신이란 자신의 마음을 시험하는 일이다. 이것이 올바른 방법이라는 것을 내면에서 '알고 있는가?'

식별의 과정을 오래 거치고 옳은 결정이라고 확신해도 여전히 불안과 두려움에 시달리는 것은 드문 일이 아니다. 큰 결정일수록 완벽히 평온한 상태에서 해결 지점에 도달할 가능성이 작다. 대부분의 불안은 변화에 대한 익숙하고 본능적인 반응이다. 표면적으로는 혼란 속에 있더라도 내면에 확신이 있다면 불안이 찾아와도 계속 나아갈 수 있다. 하지만 때때로 이런 확신이 존재하지 않기도 한다. 머리로는 결정하지만, 마음으로 망설이며 결국 결정하지 못하는 것이다.

나는 이 같은 '결정 교착' 상태에 있는 사람들을 많이 상담해 주었다. 나는 그들이 하느님께서 이끌어 주셨거나 하느님 보시기에 옳았다고 믿는 과거의 결정을 검토해 보도록 이끈다. 이를 통해 그들이 어떤 결정을 하든지 막지 않으려고 한다. 우리는 마음의 평화와 생각의 결론 사이에 나타나는 차이에 특별히 주의를 기울여야 한다. 이 둘은 모두 중대한 결정에 수반되지만, 이 둘이 항상 같지는 않다.

우리는 마음의 상태를 평가하는 데 초점을 맞추곤 한다. 어떤 결정을 내릴 때, 이전에 옳다고 믿는 결정을 내렸던 때와 같은 느낌이 드는가? 그렇지 않다면 어떤 차이가 있는가? 이때 나는 주님께 두 가지 질문을 드리라고 권한다. "주님, 제가 이렇게 하는 것이 당신의 뜻입니까?" 그런 다음 "주님, 제가 이렇게 하지 않는 것이 당신의 뜻입니까?"라고 묻는 것이다. 이 두 질문에 대한 내적 반응을 비교해서 답을 찾을 수 있다.

우리는 이처럼 정중하게 질문하면서 기도에 초점을 맞출 수 있다. 그런데 기도를 하다 보면 말을 너무 많이 하느라 듣지 않는 경우가 있다. 반대로 너무 들으려고만 하면 주의가 산만해져 침묵 속에서도 집중하지 못할 수 있다. 결정하지 못하는 불확실성의 안개를 뚫고 나아가려면 주님께 질문해야 한다. 그래야 비로소 그분의 뜻을 향해 우리 마음을 열 수 있다.

1974년 내가 스튜벤빌 대학교 총장직을 수락할지 고민하던 때에 마음에서 확신이 사라졌었다. 그때 기도하면서 정중하게 질문했던 것이 확신에 도움이 되었다. 총장직 후보에 등록하라고 요청받았을 때 나는 펜실베이니아 주 로레토에 있는 프란치스코회 신학교의 학장이었는데, 내 일에 꽤 만족하고 있었다. 그런데 장상이 스튜벤빌 대학교 총장직 면접을 보라고 했다. 나에게는 어떠한 표징도 없었지만, 장상은 이 일이 내가 나아가야 할 방향이라고 했다. 그는 "면접 후보자가 최소 몇 명은 필요하네."라고 말했다. 나는 면접에 응했고, 만약 선발이 된다면 최종 결정은 내 몫이라는 것을 알았다. 나는 가능성을 검토하기 시작했다.

하느님께서 내게 "내가 너에게 스튜벤빌 대학교의 총장이 되길 바란다면 어떻게 하겠니?" 하고 말씀하시는 것을 느꼈다. 이것은 어쩌면 언제 어디를 가든지 하느님께 순명하겠다는 내 서약을 재확인해 달라는 하느님의 요청을 의미했다. 하지만 하느님께서 나를 실제로 총장직에 부르신 것은 아니었다. 언젠가 내가 대학 총장이 되기를 원하셨을 수도 있지만, 신학교에서 잘 지내고 있는 지금은 아니라고 생각했다. 어쩌면 주님께서는 그저 내가 면접에서 의견을 말하는 정도를 원하셨는지도 모른다. 나는 이 모든 생각을 받아들였다. 그리고 가장 친한 동료와 이 생각을 논의하며, 이 생각에 대해 기도했다.

나는 면접을 보러 가서 대학교에 필요한 것에 대해 의견을 제시했다. 그리고 얼마 후 내가 총장직에 첫 번째로 선택되었다는 것을 알았다. 이제는 정말 결정을 내려야 했다. 그러자 갑자기 심각한 문제로 다가오기 시작했다. 그때 나는 이 책에 제시한 절차를 따랐다. 소규모 수도회 모임에서 형제들과 상담을 했고, 고해 신부에게서 방향을 찾았다. 장단점도 따져 보았다. 신학교의 학장으로 남으려는 데는 몇 가지 이유가 있었다. 가장 친한 친구들 가운데 일부는 내가 신학교의 학장으로 남아 있기를 원했다. 그런데 대학 총장직을 수락할 만한 좋은 이유도 많았다. 나는 순명, 회심, 일관성 단계를 거치면서 여러 가지 방법으로 이 일을 확인했는데, 그때마다 올바른 일처럼 보였다.

하지만 나는 마음속의 문제를 해결할 수 없었다. 확신이 부족했던 것이다. 결정은 오로지 내 몫이었다. 결정한 대로 나아가야 할 이유는 설득력이 있어 보였다. 하지만 그것은 이성으로 판단한 것이었으며, 내적인 평화가 없었다. 나는 기도하며 주님께 질문하기 시작했다. 이 일을 하는 것이 당신의 뜻입니까? 이 일을 하지 않는 것이 당신의 뜻입니까?

나는 결정을 내리기 위해 고심하던 중에 한 학회에 참석했다. 연설자는 자신의 목숨을 하느님께 온전히 바치기 위해 고군분투한 이야기를 들려주었다. 그는 주님의 뜻에 완전히 복종하기를 항상 두려워했다고 말했다. 주님께서 자신을 아프리카 정글에 보내 버릴까 봐 두려웠기 때문이었다. 그는 아프리카나 다른 어느 곳에서 선교사가 되고 싶은 마음이 전혀 없었다. 그래서 그는 하느님께 자신의 전부를 바치지 않았다고 했다.

이어서 그는 "그러나 마침내, 두려움에도 불구하고 주님께 온전히 헌신했습니다. 그리고 그분께서는 나를 아프리카로 보내지 않으셨습니다. 하느님께서는 아프리카를 먼저 그 사람의 마음속에 심어 놓지 않으시고는 아무도 아프리카로 보내지 않으신다는 것을 알게 되었습니다."라고 말했다. 그의 말에 나는 매우 놀랐다. 그리고 이 말을 성령께서 내게 하신 말씀으로 받아들였다. 하느님께서는 먼저 그 사람의 마음속에 아프리카를 심어 두지 않고는 아무도 아프리카로 보내지 않으신다.

나는 "주님, 스튜벤빌 대학교가 내 마음속에 있는 건가요?" 하고 물었다. 연설자의 이야기가 계속되는 가운데, 무대 뒤편에 앉아 성령의 초대에 응답하여 마음을 열었다. 그때 스튜벤빌 대학교로 가는 것을 결정했다. 이것이 옳은 방향이라는 확신이 마음속에 자리를 잡았다. 이 확신은 내게서 절대 떠나지 않았다.

확신하는 데에는 종종 시간이 걸린다. 요한 바오로 2세 교황은 사제가 되기로 했던 자신의 초기 결정에 관해 신학생들에게 이야기한 적이 있다. 그는 폴란드의 나치 점령 시기에 크라코프 근처 채석장의 막노동자였으며, 시와 연극 대본을 쓰고 극단에서 연기를 하며 여가를 보냈다. 그는 신학생들에게 "그 시기에 인생에서 가장 중요한 문제와 성소의 길에 관한 불꽃이 내 안에서 일어났고, 내 성소의 길을 결정했습니다. 내가 진정으로 걸어야 할 길을 알게 된 것입니다. 나는 원래 공장에서 일하면서 문학과 드라마에 빠져 있었습니다. 그러던 중 의심의 여지없이 명확한 내적 확신을 따라 사제 성소를 결정한 것입니다."[1]

우리가 신중하게 확인하고 기도했는데도 불구하고 확신이 생기지 않는다면 강요해서는 안 된다. 확신에는 정도가 있다. 우리는 의도한 방법이 옳다는 분명한 내적 확실성을 얻을 수 있다. 하지만 확신이 확실성을 의미하지는 않는다. 확실하지는 않아도 오히려 하느님을 믿고 나아가기로 한 결정에 대해 확신할 수는 있다. 더 강한 내적 확신을 원하더라도, 이 책에서 설명한 기도 단계와 신중함의 절차를 따른

---

[1] Tad Szulc, *Pope John Paul II: The Biography* (New York: Scribner, 1995).

다면 하느님 마음에 들지 않는 결정을 내리지 않을 가능성이 크다.

그런데 잭과 안젤라의 문제는 해결될 준비가 되지 않은 것 같다. 입양을 연기하는 것이 정말로 적절한 방향일 수 있다. 확신이 없다면 추가적인 상담이나 영성 지도가 필요할지도 모른다. 지금 입양하지 않는 것은 단순히 미루거나 지체하는 것이 아니라 그 자체로 결정이 되어야 한다.

다음 장에서 이 문제들을 더 자세히 다룰 것이다. 우리는 프란치스코 살레시오 성인의 말에서 위안을 얻을 수 있다.

우리가 선한 믿음을 갖고, 마음을 지치게 하지 않으며, 시간을 낭비하지 않고, 불안과 가책, 미신의 위험에 빠지지 않기 위해서는 우리에게 좋아 보이는 일을 거리낌 없이 해야 한다.[2]

---

2 Francis de Sales, *Treatise on the Love of God*, trans. John K. Ryan (Manchester, NH: Sophia Institute Press, 1998), 66-67.

> 질문하기

마음속에서 '네'라고 답하는가?

---

❶ 이 행동에 대한 도덕적 확신이 있는가?

❷ 마음속에서 이것이 옳은 일이라고 믿는가?

❸ 다른 대안 가운데 옳다고 믿는 것이 있는가?

❹ 부정적인 결과가 예상되지 않는 일이라고 확신하는가?

❺ 확신이 없어서 지체하고 있는가? 다른 원칙을 적용하거나 누군가의 조언을 구해야 할까?

2장

결정을 위한 조언

어려움 다루기

로널드 레이건이 대통령이던 시절, 복잡한 문제를 간단히 대답했다고 비난을 받았다. 레이건은 이 사실을 부인하지 않으며, 유쾌하게 말했다. "단순하다고 해서 쉬운 건 아니지요." 이것은 레이건이 대통령직을 수행하면서 수차례 배운 교훈이라고 한다. 하느님의 뜻을 식별하고 삶의 진로를 정하려고 노력하는 우리도 이 교훈을 받아들여야 할 것이다.

이 책에서 설명한 결정 내리기의 기본 틀에는 복잡한 점이 없다. 우리는 결정이 하느님의 법을 따르는지 묻고 지속적인 회심에 이바지하는지 살핀다. 그런 다음 과거의 삶과 이전에 한 약속과의 일관성을 검토한다. 친구와 환경, 성령의 열매를 통해 일관성을 확인하려고 하며, 행동하기 전에 마음속에서 확신을 찾는다. 순명, 회심, 일관성, 확인, 확신 이 다섯 가지는 우리가 내리는 크고 작은 모든 결정에 적용할 수 있는 실용적인 방법이다.

하지만 그렇다고 해서 결정 내리기가 쉽다는 뜻은 아니다. 논쟁이나 혼란을 일으키는 여러 가지 어려움이 결정을 내릴 때 현실로 다가올 것이다. 여기서는 흔히 겪는 어려움 가운데 일부를 살펴볼 것이다.

열정에 불안이 뒤따를 때

당신의 딸이 국회의원 사무실에서 일하라는 제의를 받는다면 당신은 무척 기뻐할 것이다. 이것은 영광스러운 일이다. 그 자리는 딸이 장차 경력을 쌓는 데 잘 맞을 수 있고, 그곳에서 하는 일 또한 흥미로울 것이다. 그런데 딸이 자기 돈을 들여 여름 방학 동안 자원봉사를 한다고 가정해 보자. 딸은 원래 방학 동안 일을 해서 대학교 등록금을 마련할 계획이었다. 등록금 마련을 위해 대출을 많이 받은 상태였는데, 이제는 대출을 추가로 받게 된 상황이다. 딸이 조언을 구하면 당신은 불안하다.

좋은 계획이 깊은 불안을 동반하고 이 계획이 옳은 일이라는 내적 확신이 없다면 행동하지 않는 것이 최선이다. 앞으로 나아가는 이유가 설득력 있고 매력적일 수 있다. 가족과 친구들이 열렬히 응원할지도 모른다. 장점이 쉽게 드러나고, 위험을 감수할 만한 가치가 있을 수도 있다. 하지만 강한 경고가 계속된다면 앞으로 나아가는 일을 다시 생각해야 한다.

내적 평화에 불안이나 슬픔이 뒤따를 때

나이 든 어머니를 계속 혼자 살아가게 하기에는 불안한 요소가 많다. 도우미를 고용하거나 형제들이 번갈아 어머니를 모시고 사는 일은 실질적인 해결책이 아니다. 어머니를 요양원으로 보내려는 생각은 어머니와 다른 모든 가족을 당혹스럽게 한다. 당신은 어머니를 일시적으로 돌보는 일은 가능하지만, 장기적으로 돌보는 일은 힘들다. 어머니를 집에서 요양원으로 옮기는 결정을 하려고 하자 슬픔이 커지지만, 올바른 결정이라는 내적 확신이 확고해진다.

이처럼 어떤 결정은 무척 고통스럽다. 여러 가지 매력 없는 선택지 가운데 가장 덜 매력적인 선택을 하는 경우도 있다. 중요한 결정 가운데 일부는 내 의지와 반대되는 방향으로 억지로 정해지기도 한다. 때에 따라서는 도망가고 싶은 상황에서도 행동해야 하며, 때로는 자신과 타인에게 고통을 주는 방식으로 행동해야 한다. 어려운 결정에 수반되는 감정적 혼란은 결정 내리기의 한 요인이 될 수 있지만, 적절한 방향을 식별하는 데 장애가 될 수도 있다. 핵심은 가능한 한 객관적으로 결정 내리기 단계를 적용하고, 결정하기 위한 최종 신호인 내적 확신을 찾는 것이다. 슬픔이 사라지지 않더라도 영혼에서 느껴지는 확신이 있다면 앞으로 나아갈 수 있다.

회심이 일어나는지 확실하지 않을 때

당신이 본당 사목회장이 되어 달라는 요청을 받았다고 생각해 보자. 또는 대학교 전공을 마케팅에서 간호학으로 바꾸는 것을 생각하고 있다면? 추가 수입의 대부분을 지역 구호 단체에 기부해야 한다는 생각이 들 수도 있다.

당신에게 떠오른 생각이 한 가지를 제외한 모든 단계를 통과할 수 있을 것처럼 보인다. 그 한 가지는 이 계획이 하느님께로 더 가까이 이끌지 확실하지 않다는 것이다. 이 계획이 정말로 삶의 지속적인 회심을 위한 그분 계획의 일부일까? 당신의 약점에 대처하는 것인가? 하느님 나라의 일을 위해 재능을 사용하는 것인가? 주님께 더 의존해야 할까? 아니면 다른 계획이 이런 일들을 더 효과적으로 성취하게 할 것인가?

회심이 일어나는지 불확실할 때는 대개 주님께 유리하게 해석하는 것이 최선이다. 회심에 관해서는 하느님께서 가장 잘 아신다. 우리의 삶을 위한 하느님의 목적을 우리는 부분적으로만 안다. 결정을 위해 모든 것이 준비되면 안전하게 행동할 수 있고 회심하기 위해 주님께 신뢰를 드릴 수 있다.

표징이 상반될 때

결정 내리기에서 가장 흔하게 발생하는 어려움은 서로 상반되는 표징이 나타날 때이다. 이것은 긍정적인 표징과 부정적인 표징이 함께 나타나는 경우를 말한다.

당신이 입사 제의를 받았다고 생각해 보자. 회사나 직책, 연봉 모두 좋아 보인다. 기도를 하며 이 제의에 대해 생각해 보니 긍정적인 느낌이 든다. 하지만 가족과 친구들에게 물으면 아무도 확신하지 못한다. 어떤 이들은 반대하고 어떤 이들은 막연히 불안하다고 한다.

당신은 지금 새 차가 필요하다. 사고 싶은 차가 있는데 마침 동료가 좋은 조건을 제시해 준다. 그 차를 살 돈도 있고, 친구들도 좋은 생각이라고 한다. 이제 빨리 결정을 내려야 한다. 하지만 당신은 무언가 중요한 것을 살 때는 항상 신중하게 고민해 왔다. 그래서 당장 결정하기가 어렵다.

당신은 남편과 함께 토론하고 기도한 끝에, 은퇴 후에 살 집을 짓지 않기로 결정했다. 그런데 몇 달이 지난 후 부동산 시세가 변하여 재정적으로 두 번째 집을 마련할 기회가 주어진다. 당신의 절친한 친구는 이 일을 진행해야 한다는 하느님의 특별한 계시를 받았다고 말한다.

다양한 표징이 상반된 방향을 가리키는 것처럼 보일 때, 그것을 분별하여 결정하기가 상당히 어려울 수 있다. 이럴 때는 그 문제에 대해 기도하고, 생각하고, 토론하기 위해 더 많은 시간을 들이는 것이 좋은 방법이 될 수 있다. 그런데 시간이 더 걸린다는 것은 기회가 지나가는 것을 의미하기도 한다. 그럼에도 압박을 받는 상황에서는 결정을 내리지 않는 것이 최선이다. 또한 행동하지 않기로 한 선택도 하나의 결정이라는 것을 깨달아야 한다.

기회가 찾아온 방식에 놀라서 망설이거나, 인생에 새로운 것이 나타났다는 사실 때문에 망설인다면 주님께서 원하시는 것을 보지 못할 수도 있다. 만약 당신과 다른 사람들의 인식 차이 때문에 문제가 생긴다면, 보통은 자신의 확신을 따라야 한다. 하느님께서는 다른 사람을 통해 그분의 뜻을 알려 주실 수도 있지만, 꼭 그러실 필요는 없다. 당신이 한 행동에 대한 책임은 당신에게 있다. 하느님께서 당신에게 주신 것과 같은 통찰을 다른 사람에게도 주실 것이라고 확신할 수 없다. 그리고 하느님께서는 당신의 결정을 대신 내릴 책임을 누구에게도 절대 주지 않으실 것이다.

분명한 표징이 없을 때

때때로 우리는 확인 단계에서 명확한 답을 얻지 못할 것이다. 가령, 당신 앞에 놓인 두 가지 선택지가 모두 순명, 회심, 일관성 단계를 통과한 것처럼 보일 수 있다. 하지만 둘 중 어떤 표징도 인상적이지 않고, 어떤 선택에 대해서도 영적인 감각이 없다. 둘 다 옳은 것처럼 보이는 것이다.

만약 그 결정이 작은 결과를 가져온다면, 심각한 어려움이 나타나지는 않을 것이다. 새 차를 빨간색으로 주문할지 파란색으로 주문할지 고민할 수 있지만, 이것은 가족의 행복이나 하느님 나라의 일에는 거의 영향을 미치지 않는다. 당신이 가진 정보에 근거해 가장 나은 선택을 할 뿐이다.

하지만 중요한 결정이 필요할 때에 분명한 표징이 없다고 인식하면 어려움이 발생한다. 세 명의 후보자 가운데 어떤 사람을 사업의 핵심 자리에 고용해야 하는가? 당신이 그리스도교 기관의 대표라면 다른 집단과 긴밀한 관계를 맺어야 하는가? 이런 결정은 기업의 미래, 당신이 책임지고 있는 사람들 그리고 당신 자신에게 엄청난 결과를 초래한다. 이러한 결정에 관해 주님께서 아무 말씀도 하지 않으시는 것처럼 보이면 우리는 당황스럽다.

그런데 문제는 우리 안에도 있다. 시야가 흐려질 수도 있고, 주님께서 우리 삶에서 어떻게 일하시는지 피상적으로 생각하고 있을지도 모른다. 우리는 과거에 잘못된 선택을 하고서 지금 그 결과를 경험하고 있을지도 모른다. 우리의 기도가 무미건조한 시기에 접어들었을 수도 있다. 게다가 우리는 결정을 내리기 좋도록 일하시는 하느님을 평소에 충분히 경험하지 못했다. 주님께서는 계속 말씀하고 계시지만, 이유가 무엇이든 우리는 그분의 말씀을 듣지 못하는 것이다.

나는 여러 번 이러한 상황에 있었다. 대개는 희망적인 생각이나 자기기만, 꿈, 하느님의 말씀보다 견고하지 않은 많은 것들의 모래 위에 나의 성을 지었기 때문이라고 결론을 내렸다. 나는 때때로 주님의 방향을 정확히 알지 못한 채 당시 최선이라고 내린 판단에 따라 행동했다. 내 선택은 가끔 긍정적인 결과를 가져왔지만, 때로는 실패를 가져왔다. 그리고 보통은 나쁜 결정이 처음에는 좋은 결과처럼 보였지만, 장기적으로는 좋지 않은 결과를 가져 왔다. 새로운 관계나 약속에서 즉각적인 이점을 먼저 보고 나중에야 부담을 경험했다. 불행하게도 자신의 판단에 의존하면 쉽게 보이는 것에 따라 결정하게 된다.

이 모든 것이 중요한 시점으로 이어진다. 우리가 하늘에 계신 아버지처럼 완전히 거룩하지 않다는 것이다. 따라서 나쁜 선택을 하고 나쁜 결정을 내리려고 한다. 하지만 그리스도교인으로서 성숙할수록, 식별과 결정 내리기의 영성적 요소를 경험할수록 나쁜 선택과 나쁜 결정은 줄어야 한다. 나쁜 선택과 그에 따른 결과는 당신의 약점에 대해 더 배우는 기회일 수 있고 주님께 더 의지하는 상황을 만들 수 있다. 예수님께서는 우리의 성공뿐만 아니라 실패도 지배하시는 분이시다.

우유부단할 때

앞 장에서 논의했듯이, 우리는 마음을 열거나 주님께 정중하게 질문함으로써 우유부단함을 해결할 수 있다. 하느님께서는 때때로 그분과 함께하는 깊은 곳으로 우리를 부르신다.

큰 고기를 잡으려면 바다 밑바닥에 가깝게 그물을 던져야 한다고 전문가들은 말한다. 이 조언은 갈릴래아 호수로 더 깊이 그물을 내리라고 베드로에게 말씀하신 예수님을 떠오르게 한다. 때때로 하느님께서는 인생에서 표류를 경험하도록 하시어 우리의 관심을 끌어내실 것이다. 또한 하느님께서는 기도와 성사, 단식과 피정, 밤샘 기도와 영적 독서, 질문하고 말씀을 듣는 것을 통해 그분과 함께하는 인생의 깊은 곳으로 우리를 부르고 계신다. 하느님과 더 깊은 이야기를 하면 그분의 말씀을 더 잘 들을 수 있다.

로욜라의 이냐시오 성인은 우유부단함을 도울 수 있는 성경의 원칙을 제시했다. 그는 죽어서 최후 심판의 날에 예수 그리스도 앞에 서 있는 자신을 상상해 보라고 제안한다. 그 순간 뒤를 돌아보면 어떤 행동을 선택하는 것이 가장 기쁠까? 이냐시오 성인은 우리의 선택에 관해 이야기하는 것을 연습하라고 촉구한다.

중요한 단계에서 겪는 우유부단함은 우리 삶에 새로운 영적 토대를 마련해야 한다는 요구일 수 있다. 그럴 때는 당신이 새로워질 수 있도록 영성 지도 신부에게 영적 방향을 함께 찾아 달라고 청할 수도 있다. 결정 내리기에 따르는 어려움에 자신 있게 다가가자. 어려움은 주님을 더 잘 아는 기회이기도 하다.

모험하는 용기

우리는 아마 절대적으로 확신하는 결정은 내리지 못할 것이다. 오직 하느님의 사랑만이 확실하다. 그분의 사랑에 응답하는 모든 결정, 신앙의 길을 걷는 모든 발걸음, 그분께서 우리에게 맡기신 책임을 다하기 위해 한 모든 선택에는 위험 요소가 따른다. 아니면 그저 우리가 틀렸을지도 모른다.

19세기 영국의 위대한 성직자인 존 헨리 뉴만 복자는 앞으로 나아가는 도덕적 확실성이 실패할 수 있다는 인식과 어떻게 공존할 수 있는지 날카롭게 말했다.

그리스도교인으로서 우리의 의무는 성공에 대한 절대적인 확실성 없이 영원한 생명을 위한 모험을 하는 데 있습니다. … 이것이 바로 '모험'이라는 단어의 의미입니다. 이 모험은 두려움, 위험, 불안, 불확실성의 어떤 것도 가지고 있지 않은 이상한 모험입니다. 이 모험은 믿음의 탁월함과 고귀함으로 구성되어 있습니다. 이것이 바로 믿음이 다른 은총들에서 선택되어 의로움을 위한 특별한 수단으로서 명예를 얻는 이유입니다. 왜냐하면, 믿음의 존재는 우리에게 모험할 마음이 있다는 것을 의미하기 때문입니다.[3]

용기는 우리가 믿음을 가지고 모험을 하는 데 필요한 것이다. 용기는 다른 것과 별개의 덕목이 아니라 우리가 모든 덕목을 발전시키는 방법이다. 루이스는 "용기는 여러 덕목 가운데 단지 하나가 아니라 모든 덕목이 도달하는 힘겨운 지점, 곧 현실의 가장 높은 지점에 있는 형태이다."[4]라

---

3 John Henry Newman, *"The Ventures of Faith" in Parochial and Plain Sermons* (San Francisco: Ignatius Press, 1997), 922.
4 C. S. Lewis, *The Screwtape Letters*, letter 29.

고 말했다.

모든 덕목은 아주 힘겨운 지점에 도달한다. 사랑으로 성장하면 결국 사랑할 수 없는 사람조차 사랑하도록 부름을 받는다. 믿음으로 성장하면 명백한 증거가 없어도 믿어야 하는 지점에 도달한다. 모든 것이 어두울 때, 상황이 불가능할 때, 절망적인 생각이 우리를 부추길 때까지 우리 안에서 희망의 덕목이 성장한다. 가령 사업이 망하고 사람들이 일을 그만두고 우리에게 비난을 보내기 전까지는 충성과 충실을 꾸준히 이어 가는 것처럼 말이다.

용기는 이러한 단계를 통해 우리의 덕목을 강화해 줄 것이다. '용기'는 '마음과 함께 행동하는 것'을 의미한다. 용기는 우리 영혼의 가장 깊숙한 곳으로부터 온다. 예수님께서는 그곳에 계신다. 예수님께서는 "너희는 세상에서 고난을 겪을 것이다. 그러나 용기를 내어라."(요한 16,33) 하고 말씀하셨다.

올바르게 행동하기 위해서는 용기의 원천에 의지해야 한다. 결정과 행동은 항상 위험을 수반한다. 대안을 철저하게 검토하고 올바른 과정이라고 확신할지라도 결정의 때가 오면 두려움과 소심함을 경험하게 된다. 하지만 우리는 하느님의 은총이 충분하다는 것을 알고, 용기를 가지고 나아가면서, 믿음 안에서 모험을 할 수 있다. 그러면 하느님께서는 충분한 은총을 내려 주실 것이다.

용기가 없어질 때, 우리는 용기를 불어 넣는 격려를 해야 한다. 격려는 성령에게서 온다. "교회는 굳건히 세워지고, 주님을 경외하며 살아가면서 성령의 격려를 받아 그 수가 늘어났습니다."(사도 9,31) 격려는 성경에서 온다. "성경에 미리 기록된 것은 우리를 가르치려고 기록된 것입니다. 그래서 우리는 성경에서 인내를 배우고 위로를 받아 희망을 간직하게 됩니다."(로마 15,4) 격려는 서로에게서 온다. "그러므로 여러분이 이미 하고 있는 그대로, 서로 격려하고 저마다 남이 성장할 수 있도록 도와주십시오."(1테살 5,11) 격려는 하느님에게서 온다. 바오로 사도는 이렇게 기도한다. "우리 주 예수 그리스도의 아버지 하느님께서는 찬미받으시기를 빕니다. 그분은 인자하신 아버지시며 모든 위로의 하느님이십니다. 하느님께서는 우리가 환난을 겪을 때마다 위로해 주시어, 우리도 그분에게서 받은 위로로, 온갖 환난을 겪는 사람들을

위로할 수 있게 하십니다."(2코린 1,3-4)

요한 바오로 2세 교황은 종종 용기에 관해 말했다. 교황은 1993년 덴버에서 개최한 세계청년대회에서 특별히 기억할 만한 권고의 말을 했다. "진실에 전념하도록 용기를 가지십시오. 복음을 믿도록 용기를 가지십시오. … 삶의 어려움과 불평등에 맞서는 용기를 가지십시오."

첫 번째 교황인 베드로 사도는 부족하게나마 용기를 보여 주었다. 예수님께서 배에서 내려 갈릴래아 호수 위를 걸어 그분께로 오라고 베드로를 부르셨을 때였다. 베드로는 호수 위를 걸어오는 존재가 예수님이라는 것을 의심 없이 믿었다. 또한 그는 예수님께서 자신을 부르신다는 것을 알았다. 베드로는 예수님께서 바람과 파도를 통제하시고 자신을 붙잡아 주시리라는 사실을 알았다. 어려운 결정을 내릴 때 우리는 종종 이 같은 입장에 서게 된다. 우리는 올바른 선택을 알고, 주님의 뜻을 안다. 그리고 하느님의 은총에서 자신감을 느낀다. 우리는 베드로 사도처럼 배에서 내려야 한다.

그러기 위해서는 용기가 필요하다. 베드로는 용기를 내어 물 위로 걸어 나왔고 예수님을 향해 걸어가기 시작했다.

그러나 자신이 바람과 파도 한가운데에 있는 것을 알고 두려움에 사로잡혔다. 곧 그는 가라앉기 시작했다. 예수님께서는 베드로를 구하시면서 그의 믿음이 부족하다고 훈계하셨다. 베드로처럼 주님께 순종하여 모험하듯 앞으로 나갈 때 우리도 용기를 가질 수 있다. 믿음을 통해 용기를 유지할 수 있다. 믿음이 흔들리면 예수님께서는 우리를 일으켜 세우실 것이다.

16세기 조각가 도나텔로는 작품을 만들기 위해 2톤짜리 대리석을 주문했다. 그래서 판매업자가 로마에 있는 그의 작업실까지 대리석을 가져왔지만 그는 사지 않았다. 대리석에서 결함을 보았기 때문이다. 그러자 판매업자는 그 대리석을 미켈란젤로에게 가져갔다. 대리석을 채석장으로 다시 가져갈 수는 없었기에 미켈란젤로가 그것을 사 주기를 바랐다. 미켈란젤로 역시 대리석의 결함을 보았지만, 그는 거기서 더 중요한 것을 발견했다. 대리석 깊숙한 곳에 그가 조각하고 싶었던 모양이 묻혀 있었던 것이다. 미켈라젤로는 그 대리석을 사서 다비드 동상을 만들었다. 현재 피렌체의 한 박물관에 있는 이 동상은 세계적으로 유명한 걸작

이 되었다. 미켈란젤로는 다비드 몸의 근육 일부를 묘사하는 데 그 대리석의 결점을 사용했다. 그는 대리석에 묻혀 있는 다비드의 모양을 보았다고 말했다. 미켈란젤로가 한 일은 그저 다비드를 자유롭게 하기 위해 대리석 바깥 면을 잘라낸 것뿐이었다.

이와 비슷하게 하느님께서는 우리 안의 위대함을 보신다. 그분께서는 대리석 바깥면을 잘라내 우리를 자유롭게 하신다. 또한 하느님께서는 결함을 보신다. 미켈라젤로가 다비드의 대리석에서 결함을 사용했듯이 그분께서는 우리에게서 어떤 것을 제거하시고 어떤 것은 사용하실 것이다. 우리의 결함은 우리 안에 거룩함을 형성하시려는 그분 계획의 일부이다. 그분께서 부르시면 우리는 대답한다. 용기와 믿음으로 그분의 부르심에 응답하면 우리는 성인이 될 수 있다.

성경에도 용기를 다룬 사례가 많다. 다윗은 자기보다 훨씬 크고 강한 적과 일대일로 대결해야 했다. 기드온은 적은 수의 용사를 이끌고 매우 우월한 군대와 싸우라는 말을 들었다. 아브라함은 자신의 일족 전체를 새로운 나라로 옮겨야 했고, 기꺼이 아들을 희생해야 했다. 모세는 강력한 파라오와 맞서야 했고, 홍해에 발을 들여놓아야 했다. 이 사람들은 모두 주님께 의지했다. 믿음으로 걸었고, 믿음 위에 섰고, 믿음 안에서 앞으로 나아갔다. 이들의 이야기는 각자의 길을 걸어가는 우리에게 믿음의 모범이 되어 주고 있다.

토마스 모어와 이사악 조그처럼 위대한 성인의 용기에 대해 생각해 보자. 토마스 모어 성인은 헨리 왕에게 복종하는 간단한 행동만으로 사형을 모면할 수 있었다. 그와 같은 고위 관리들에게는 익숙한 껍데기 복종이었다. 하지만 토마스의 양심은 이 행동을 용납하지 않았다. 그는 "왕의 충성스러운 신하이지만, 하느님의 첫 번째 신하"로 죽었다고 선언하면서 순교했다.

이사악 조그 성인의 경우 네덜란드 사람들에게 구출되기 전에 모호크족 인디언들에게 잔인하게 고문을 당하고 불구가 되었다. 그러나 프랑스로 돌아온 이사악은 피정의 집에서 그에게 맡긴 편안한 자리를 거절하고 모호크족의 선교사로서 북아메리카로 돌아가는 것을 택했다. 이번에는 모호크족이 자신을 죽일지도 모른다는 이사악의 예측대로 그는 인디언들의 손에 죽었다. 이사악 조그 성인은 순교자가 되는 용기를 얻기 위해 기도했다.

　이러한 용기는 기도를 필요로 한다. 요한 바오로 2세 교황은 자신의 저서인 《희망의 문턱을 넘어》에서 '기도의 의미를 깊이 이해하기 위해' 로마서의 구절을 오랫동안 묵상하기를 제안한다.

　사실 피조물은 하느님의 자녀들이 나타나기를 간절히 기다리고 있습니다. 피조물이 허무의 지배 아래 든 것은 자의가 아니라 그렇게 하신 분의 뜻이었습니다. 그러나 그것은 희망을 간직하고 있습니다. 피조물도 멸망의 종살이에서 해방되어, 하느님의 자녀들이 누리는 영광의 자유를 얻을 것입니다. 우리는 모든 피조물이 지금까지 다 함께 탄식하며 진통을 겪고 있음을 알고 있습니다. 그러나 피조물만이 아니라 성령을 첫 선물로 받은 우리 자신도 하느님의 자녀가 되기를, 우리의 몸이 속량되기를 기다리며 속으로 탄식하고 있습니다. 사실 우리는 희망으로 구원을 받았습니다. (로마 8,19-24)

　교황은 다른 구절도 인용하고 있다. "성령께서도 나약한 우리를 도와주십니다. 우리는 올바른 방식으로 기도할 줄 모르지만, 성령께서 몸소 말로 다 할 수 없이 탄식하시며 우리를 대신하여 간구해 주십니다."(로마 8,26) 또한 다음과 같이 언급한다. "우리는 스스로 하는 것이라고 믿으며 기도를 시작한다. 그러나 항상 우리 안에 계시는 하느님께서 주도하시는 것임을 알게 된다. … 우리는 성령의 간청으로 변화하기 위해서 '말할 수 없는 탄식'으로 기도해야 한다."[5]

하느님께서는 우리의 계획을 시작하시며 그 계획이 실현되게 하는 원동력이시다. 우리는 결정을 내리면서 끊임없이 기도하며 하느님께 의지해야 한다. 이 기도 안에서 우리는 하느님의 아들과 딸로 변화하게 된다. 이를 위해 우리는 성령께 간청해야 한다. 그러면 성령께서 임하셔서 우리를 새롭게 창조해 주실 것이다. 이것은 많은 기도를 필요로 할지도 모른다. 어떤 의미에서, 이 기도는 절대 멈추지 않는 기도이다. 우리 자신의 변화는 절대 끝나지 않는 일이기 때문이다.

---

5 John Paul II, *"Praying: How and Why,"* in *Crossing the Threshold of Hope*, ed. Vittorio Messori, trans. Jenny McPhee and Martha McPhee (New York: Alfred A. Knopf, 2005).

중대한 결정을 앞두고

 우리가 해야 하는 결정 가운데 가장 큰 결정은 우리의 성소가 무엇인지 선택하는 것이다. 주로 결혼 성소와 사제 성소, 수녀와 수사로서 하느님을 섬기는 수도 성소를 말한다. 많은 경우에서 보듯, 독신으로 살게 하는 부르심은 다른 성소와 마찬가지로 철저하게 식별해야 한다.
 이러한 성소 가운데 어떤 성소에 부르심을 받았는지 식별하여 결정을 내리는 것은 특히 어려운 일이다. 성소는 평생 동안 이어지는 영구적인 상태를 결정하게 하는 부르심이기 때문이다. 그러므로 모든 성소는 결정하기 전에 신중하게 살펴보아야 한다. 결혼도 수도 생활도 미리 '시험'해 볼 수는 없다. 일단 시작하면 버릴 수도 없다. 그런 의미에서 성소는 여러 중요한 결정 가운데 가장 큰 것이라고 할 수 있다.

'성소'라는 말은 '부르심'을 의미한다. 그러나 '부르심(call)'이라는 말로 그 의미를 온전하게 표현할 수는 없다. 아담이 낙원에서 동물들을 명명한 것처럼 '성소의 부르심'은 성경의 명명과 더 비슷하다. 하느님께서는 우리를 성소로 부르실 때 우리의 평생을 결정하신다. 하느님께서는 우리를 소유하시고 우리에게 권위를 행사하신다.

동시에 성소는 자유에 대한 부르심이다. 성소는 자유 의지를 제거하지 않으며, 오히려 더 자유로워질 수 있도록 해 준다. 그런데 대부분의 사람들은 성소를 제한적인 것으로 본다. 신학교나 수녀원에 자신을 가두거나, 배우자에게 결혼 서약을 함으로써 생활에 제한을 받는다고 보는 것이다. 하지만 성소는 제한적인 것이 절대 아니다. 성소는 자유에 대한 부르심이며 우리 마음의 가장 깊은 열망에 대한 응답이기도 하다.

우리가 하느님의 부르심과 싸우면 우리의 영혼은 억압당한다. 하지만 우리에게 성소가 있으면 우리의 자유는 성소

를 따라가게 된다. "아들이 너희를 자유롭게 하면 너희는 정녕 자유롭게 될 것이다."(요한 8,36)

마태오 복음의 부자 청년 이야기는 종종 수도 성소의 논의를 위해 사용된다. 이 이야기는 모든 성소의 식별에 적용할 수 있고, 결혼 생활과 독신 생활에도 적용할 수 있다. 예수님과 부자 청년의 만남은 성소 식별에서 가장 중요한 문제를 제기한다. 잘 아는 구절이더라도 다시 찬찬히 읽어 보자.

그런데 어떤 사람이 예수님께 다가와, "스승님, 제가 영원한 생명을 얻으려면 무슨 선한 일을 해야 합니까?" 하고 물었다. 그러자 예수님께서 말씀하셨다. "어찌하여 나에게 선한 일을 묻느냐? 선하신 분은 한 분뿐이시다. 네가 생명에 들어가려면 계명들을 지켜라." 그가 "어떤 것들입니까?" 하고 또 묻자 예수님께서 이르셨다. "'살인해서는 안 된다. 간음해서는 안 된다. 도둑질해서는 안 된다. 거짓 증언을 해서는 안 된다. 아버지와 어머니를 공경하여라.' 그리고 '네 이웃을 너 자신처럼 사랑해야 한다.'는 것이다." 그 젊은이가 "그런 것들은 제가 다 지켜 왔습니다. 아직도 무엇이 부족합니까?" 하고 다시 묻자, 예수님께서 그에게 이르셨다. "네가 완전한 사람이 되려거든, 가서 너의 재산을 팔아 가난한 이들에게 주어라. 그러면 네가 하늘에서 보물을 차지하게 될 것이다. 그리고 와서 나를 따라라." 그러나 그 젊은이는 이 말씀을 듣고 슬퍼하며 떠나갔다. 그가 많은 재물을 가지고 있었기 때문이다. 예수님께서 제자들에게 말씀하셨다. "내가 진실로 너희에게 말한다. 부자는 하늘 나라에 들어가기가 어려울 것이다."(마태 19,16-23)

부자 청년은 흥정을 하고 있다. "제가 영원한 생명을 얻으려면 무슨 선한 일을 해야 합니까?"라고 말이다. 영원한 생명은 큰 상이다. 영원한 생명을 얻기 위해 어떻게 해야 하는지 말해 주면 자기가 하겠다는 것이다. 예수님께서는 여느 때처럼 질문자를 하느님의 신비로 더 깊이 끌어들이시며 대답하신다. 당신이 말하는 '선한 일'이란 결국에는 수단이다. 선한 일은 정녕 당신이 추구하는 것이 아니다. 예수님께서는 "선한 사람은 오직 한 분뿐이시다."라고 말씀하신다. 그분은 하느님 자신이시다.

그러고 나서 예수님께서는 이 목적을 위한 수단에 대해

이야기하신다. "계명들을 지켜라."라고 하시자 부자 청년은 여전히 흥정하면서 "어떤 것들입니까?" 하고 묻는다. 예수님께서는 "'살인해서는 안 된다. 간음해서는 안 된다. 도둑질해서는 안 된다. 거짓 증언을 해서는 안 된다. 아버지와 어머니를 공경하여라.' 그리고 '네 이웃을 너 자신처럼 사랑해야 한다.'는 것이다."라고 이르신다.

요한 바오로 2세 교황은 회칙 〈진리의 광채〉에서 이 성경 구절을 논하며, 예수님께서 이러한 계명이 우리가 지켜야 할 유일한 계명이라고 말씀하시지 않는다는 점을 지적한다. 예수님께서는 부자 청년에게 모든 율법, 즉 모세의 모든 가르침을 지켜야 한다고 말하시는 방법으로 중요한 계명 일부를 선택하셨다. 함축적으로 보면, 예수님께서는 신약 성경에서 우리에게 제시하신 행복 선언, 산상 설교, 그분의 모든 가르침을 지키라고 부자 청년에게 말씀하고 계신다.

여기에 평생 성소를 식별하는 첫 번째 원칙이 있다. 성소의 근본은 거룩함과 하느님을 아는 것에 대한 일반적인 부르심이다. 우리는 모두 영원한 생명을 추구한다. 모든 것이 사라질 때에도 계속해서 존재하는 영원한 생명을 추구하고 있다. 예수님께서는 영원한 생명을 성취하기 위해 하느님과의 관계가 필요하다고 말씀하신다. 그러므로 우리는 영원한 생명을 추구하는 것이 아니라 영원한 분을 추구하는 것이다.

예수님께서는 최후의 만찬에서 아버지께 기도하시면서 이 사실을 명백히 말씀하신다. "영원한 생명이란 홀로 참하느님이신 아버지를 알고 아버지께서 보내신 예수 그리스도를 아는 것입니다."(요한 17,3)

모든 성소의 목적은 하느님께로 향한다. 성소의 목적은 더 나은 사회를 건설하고, 교회를 쇄신하고, 가족을 꾸리고, 자아를 실현하고, 사람들을 돕고, 새로운 도전에 직면하는 것만이 아니다. 이 모든 일이 성소에 포함될 수 있지만, 사제나 수녀, 아내와 남편, 독신 남성이나 여성에게 일차적인 성소의 목적은 하느님을 사랑하는 것이다.

우리는 그리스도교 생활의 기초를 확립함으로써 이 목표를 실현한다. 그리스도교 생활의 기초에는 가톨릭 교리의 네 가지 영역이 있다. 그것은 계명, 신경, 성사, 기도이다. 이러한 기초가 없다면, 즉 계명에 충실하지 않고 신앙에 대한 열정이 없으며 가톨릭 신자와 그리스도교인으로 살지 않는다면 특정한 성소에 대한 토대가 없는 것이다. 부자 청년은 예수님께 "주님의 특별한 추종자가 되고 싶습니다."라고 말한다. 예수님께서는 이렇게 대답하셨다. "먼저 네 인생을 정리하여라."

이 책에서 다룬 용어로 말하자면, 평생 성소를 식별하는 첫 번째 단계는 하느님을 향한 순명이다. 우리는 하느님의 법에 순종하고 그분께 개인적으로도 순종한다. 예수님께서는 "영원한 생명이란 홀로 참하느님이신 아버지를 알고 아버지께서 보내신 예수 그리스도를 아는 것이다."라고 말씀하셨다. 우리의 순명은 우리가 아는 한 위격에 대한 순종 행위이다. 순종이라는 토대 없이 삶을 헌신해야 한다면 나중에 이 토대를 세워야 할 것이다.

내 삶의 조각들이 처음으로 한데 모였던 순간을 잊지 못한다. 대학교 2학년 때 나는 동시에 여러 진로를 고려했는데, 특히 하느님께 대한 질문으로 선택의 여지를 열어 두고 있었다. 나는 열아홉 번째 생일에 도시 근교의 숲을 걸으며 하느님께 당당히 선언했다. "주님께서 그것을 하실 때까지 숲속에 있을 것입니다."

'그것'은 무엇이었을까? '그것'은 하느님께서 존재하신다는 것을 확실히 알려 주시는 것이고 내가 하느님을 어떻게 알 수 있는지 밝히는 것이고, 하느님께서 내게 말씀하시는 것이었다.

나는 종일 숲속에 있었다. 배가 고프고 목이 말랐으며 날씨는 점점 추워졌다. 겁이 조금 났지만, 고집을 부려서 대답을 들을 때까지 숲에 있기로 결심했다.

대답은 저녁 8시 30분경에 왔다. 그때 갑자기 하느님에 대한 수수께끼가 머릿속에서 사라졌다. 하느님께서는 참으로 존재하시고 교회는 참으로 하느님에 관한 진실을 말하는 기관이었다는 확신이 내 안에 자리 잡았다. 주님께서 내 마음에 말씀하셨다. 그분께서는 나를 사랑하셨고, 내 죄를 용서하시고 내 상처를 치유하실 것이다.

나는 집으로 돌아갔다. 그날 경험했던 모든 것은 하느님의 은총이었다. 하느님께서는 절박한 상황에 있던 나에게 자비를 베푸시어 한 번에 모든 것을 깨닫게 해 주셨다. 이것이 나의 삶에 중요한 토대가 되었다. 훗날 내가 식별한 성소 또한 그날 저녁 숲에서 시작된 하느님과의 관계에서 비롯된 것이었다. 그 이후로 나는 하느님과의 관계를 계속 유지해 왔다.

식별의 첫 번째 단계는 하느님과의 관계를 형성하는 것이다. 두 번째 단계는 하느님의 말씀을 듣는 것이다. 우리는 마음에서 움직이는 그분의 영을 발견한다. 그리고 하느님께서 우리에게 하시는 말씀을 듣는다. 하느님을 알고, 사랑하고, 섬기는 일반적인 부르심 안에서 특정한 부르심을 찾아내려고 노력한다.

성경에는 마리아에 관해 이렇게 적혀 있다. "마리아는 이 모든 일을 마음속에 간직했다."(루카 2,19) 다른 번역본에서는 마리아가 이 모든 일을 "곰곰이 생각했다."라고 하고, 또 다른 번역본에서는 마리아의 마음속에 이 모든 일을 "새겼다."라고 한다. 우리 또한 주님의 말씀을 이해할 때까지 깊이 있고 철저하게 듣도록 부르심을 받았다.

특정한 성소의 부르심을 살필 때 핵심은 회심 단계에 있다. 성소에 대한 반응은 주님께 더욱 깊고 온전하게 우리의 삶을 변화시키는 것을 포함한다. 수도 생활에 대한 부르심은 봉사와 자기 포기라는 특별한 부르심을 의미한다. 결혼에 대한 부르심은 항상 자기중심적이었던 삶에서 배우자와 자녀를 중심으로 하는 삶으로의 회심을 의미한다. '사랑하는' 것은 중요하지만 그것으로는 충분하지 않다. 결혼과 종교적인 성소는 다른 사람들에게 사랑으로 베푸는 봉사와 헌신을 포함한다.

그런가 하면 성소의 일관성은 일정 기간 동안 식별될 것이다. 교제 중인 두 사람은 몇 년에 걸쳐 결혼 성소를 식별할 것이다. 수도 성소를 식별하는 사람들은 종신 서약 전에 신학교와 양성소에서 수년을 보낼 것이다. 독신 생활에 대한 성소도 마찬가지다. 실제로 많은 사람이 가족을 돌보거나 봉사를 하기 위해 독신을 적극적으로 받아들일 것을 요구받는다. 복음에 순명해야 하고, 그 부르심이 어떻게 자신의 삶을 더 확실한 회심으로 이끄는지에 대해 인식해야 하는 것처럼, 독신에 대한 부르심, 부르심을 받은 사람, 봉사 사이에는 일관성이 있어야 한다.

하느님의 특정한 부르심을 듣기 시작했을 때 나는 약간 회피했었다. 주님께서 "평생을 나에게 바치겠니?"라고 물으셨을 때, 이것이 하느님을 사랑하고 섬기라는 일반적인 부르심 이상의 질문이라는 것을 알았다. 그 질문은 내가 전혀 모르는 어떤 것에 대한 부르심이었다.

여기서 만약 '네'라고 답하면, 내가 스스로 선택하지 않은 곳으로 그분께서 나를 데려갈 것이었다. 나는 "네, 당신께 평생을 바치겠습니다. 하지만 먼저 대학을 마치고 사법고시에 합격해서 부모님이 만족하신 후에 제가 하고 있던 일들을 정리하게 해 주세요."라고 말했다. 가끔은 조건 없이 '네'라고 말할 수 있으면 좋겠다고 생각한다. "네, 주님, 당신이 원하시는 것은 뭐든지 말씀해 주세요. 그러면 제가 하겠습니다."라고 말이다. 하지만 나는 회피했다.

회심은 하나의 과정이다. 이 부르심은 내 인생의 지속적인 회심에 있어서 초기 단계라고 할 수 있었고, 나는 할 수 있는 만큼 잘 응답했다. 그 후 몇 년 동안 마음속으로 곰곰이 생각하며, 하느님께서 소명에 관해 내게 말씀하신다고 느끼는 것을 적었다. 나는 이 연습을 강력히 추천한다. 사람들의 말, 성경에서 읽는 구절, 성인들의 이야기, 기도할 때의 감정을 통해 하느님의 말씀을 들을 때 그 말씀을 기록

해야 한다.

때때로 하느님께서는 침묵을 지키실 것이다. 하지만 하느님께서는 자주 이렇게 말씀하신다. 그분께서 말씀하고 계시는 것을 당신이 쉽게 놓치고 있다고 말이다. 이것은 마치 유격수를 처음 맡은 선수가 내야 연습을 하는 것과 같다. 그는 직선 타구로 오는 볼은 잘 다룰 수 있지만, 오른쪽이나 왼쪽으로 날아오는 볼은 잘 처리하지 못한다. 우리는 노련한 유격수처럼 메시지를 예상하고 메시지를 받은 후에 빠르게 응답하는 법을 배워야 한다. 그럴 때 우리는 시편 123편을 기도할 수 있다.

하늘에 좌정하신 분이시여 당신께 저의 눈을 듭니다.
보소서, 종들의 눈이 제 상전의 손을 향하듯
몸종의 눈이 제 여주인의 손을 향하듯
그렇게 저희의 눈이 주 저희 하느님을 우러릅니다. (시편 123,1-2)

우리는 이처럼 주의 깊게 기다리면서 눈은 주님께 고정하고 귀는 그분의 음성에 맞춘다. 이렇게 경청하는 데에는 수년이 걸릴 수 있다. 중요한 것은 경청을 계속하는 것이다.

경청에는 세 가지 방법이 있다. 기도하고, 기도하고 또 기도하는 것이다. 우리는 사람들과 함께, 성경을 읽으며, 전례 중에, 손을 들어 노래로 기도할 수 있다. 이때 하느님께서 무슨 말씀을 하실지 기다리는 시간이 필요하다. 성찬례 전에 혼자 앉아서 이렇게 물을 수도 있다. "주님, 무엇을 원하십니까?"

나는 법대를 졸업한 후 공군에 입대했고 뉴욕 주 사법 고시를 보았다. 그리고 어느 날 아침, 친구가 뉴욕타임즈를 흔들며 말했다. "축하해! 너 합격했어. 신문에 네 이름이 있어!" 신문에 뉴욕 주 사법 고시 합격자 명단이 게재되었는데 거기 내 이름이 있었다.

나는 곧장 방으로 가서 침대 옆에 무릎을 꿇었다. "네 그렇게 할게요, 하지만…."은 더 이상 없었다. 이제 오로지 "네, 그렇게 할게요."라는 대답뿐이었다. 다만 한 가지 하느님께 여쭤볼 것이 있었다. 그것은 바로 "무엇을 할까요?"라는 질문이었다. 그분께서는 이렇게 대답하셨다. "수도 생활과 사제직을 수행하여라." 그분께서는 나를 이중 성소 즉 수도 사제 성소로 부르고 계셨다. 그것이 그분께서 말씀하신 전부였다. 나머지는 나와 교회에 달려 있었다.

하지만 내 상태는 엉망이었다. 가톨릭 신자로 태어나 자랐지만, 가톨릭교회에 관해 아는 것이 거의 없었다. 8학년 후에는 가톨릭 학교에 다니지 않았고, 사제들을 잘 알지 못했다. 가톨릭교회가 어떻게 운영되는지도 알 수 없었다. 수도회를 생각하니 예수회가 자동으로 떠올랐다. 그래서 워싱턴 D.C.의 예수회 전화번호와 주소를 찾아 무작정 차를 몰고 가서 벨을 눌렀다. 문을 열어 준 사람에게 "저는 스캔란 중위입니다. 하느님께서 저를 수도 성소로 부르셨습니다. 어디로 가야 할지 찾던 중에 예수회를 생각했습니다."라고 말했다.

그곳에서 나는 세계에서 가장 훌륭한 신학자 가운데 한 명이자 새로 서품받은 신부인 에이브리 덜레스를 만나게 되었다. 그 신부는 나에게 메릴랜드 주 예수회 신학교에 있는 거대한 도서관을 보여 주면서 그곳에서 인생을 보낼 수 있다고 말했다.

하지만 이것은 일관성 단계를 통과하지 못했다. 나는 그곳에서 공부를 충분히 할 수 있었지만, 학문적인 삶은 나에게 결코 매력적이지 않았다. 그때 딜레스 신부가 좋은 조언을 해 주었다. "성소는 당신 안에 있는 불안한 영혼입니다. 그 성소를 계속 따라다니다가 영혼이 쉴 수 있는 곳에 이르면 당신 인생 전체를 쏟아부으세요."

나는 불안한 영혼을 따라 도미니크 수도회의 문을 두드렸고, 접수실에 있던 수사를 만났다. 그 수사는 성소에 관해 이야기하는 사람을 만난 것에 기뻐하면서 하느님의 직접적인 계시에 관한 책이 있다고 말했다. 그 책은 성경과 토마스 아퀴나스의 《신학대전》이었는데, 나와 잘 맞지 않았다. 나는 《신학대전》이 성경과 동등할 수 없다는 것을 알고 있었고, 사실 도미니크회 수사들의 생각도 나와 마찬가지였다. 그래서 다른 곳을 찾아보기로 결심했다.

그때 나는 라틴어 공부를 시작했다. 라틴어를 좋아하지는 않았지만, 교회의 언어였기에 배워야 했다. 나의 가정교사는 그 지역에 있는 프란치스코 수도회에 관해 이야기해 주면서 방문해 볼 것을 제안했다. 나는 곧바로 그곳을 찾아가 아일랜드에서 태어나 브루클린에서 성장한 한 신부와 이야기를 나눴다. 그는 아시시의 성 프란치스코에 대해 읽어 보라고 조언하면서 나를 돌려보냈다. 2년 뒤, 그는 나의 수련장 수사가 되었다.

프란치스코는 계시와 같은 인물이었다. 프란치스코에 관해 읽으면서 그의 생활 방식에 강하게 끌리기 시작했다. 허영심과 자만심으로 가득 찼던 나는 그의 겸손에 매료되었다. 또한 나는 형제애를 지닌 공동체 생활에 끌렸는데, 그것은 바로 프란치스코회의 방식이었다.

프란치스코 수도회를 만나기까지 나는 무모한 방식으로 몇몇 수도회를 찾아다녔고, 내가 만난 사람들 가운데 일부는 나를 혼란스럽게 했다. 물론 나도 그들을 혼란스럽게 했을 것이다. 이성적인 기준으로 보면 나는 프란치스코 수도회의 일원으로 적합하지 않았을지도 모른다. 하지만 불안한 영혼은 나를 그곳으로 이끌었다. 프란치스코회의 방식을 따라가면서 이곳이 내가 속할 곳이라는 생각이 더 분명하고 또렷해졌다.

인생을 헌신하는 과정은 쉽게 설명되곤 한다. 하지만 그 과정은 혼란스럽고 불완전해 보일 수 있다. 우리가 헌신하고

자 하는 대상은 천사가 아니라 죄인이기 때문이다. 제단에 있는 남자와 여자는 사랑과 충실의 서약을 교환하는 불완전한 두 사람이다. 모든 수도회 공동체와 교구는 죄로 얼룩진 사람들로 채워진다.

그러므로 완벽한 배우자나 완벽한 공동체를 찾으려고 해서는 안 된다. 완벽한 상대방을 찾았다고 생각해도 결혼한 뒤에는 완벽하지 않을 수 있다. 그러므로 우리는 인내심을 가져야 한다. 시작이 잘못 되었을 수도 있고, 마음이 변할 수도 있기 때문이다.

이를 통해 너무 엄격하고 완고한 사람들이나 특정한 방식으로 기준을 세우는 사람들은 상황에 적응하고 유연해지는 법을 배울 것이다. 반면 느슨하고 비공식적인 것을 좋아하는 사람들은 규율과 공동체 생활의 즐거움을 배울 것이다. 자연적이고 육체적인 것을 피하려고 영적으로 도피한 사람들은 현실의 어지러움을 포용하는 법을 배울 것이다. 너무 조심스럽고 신중한 사람들은 하느님의 부르심을 받고 뛰어드는 법을 배울 것이다. 위험을 무릅쓰고 뛰어오르는 사람들은 주의하고 성찰하고 숙고하는 법을 배울 것이다.

평생 성소는 들판에 묻혀 있는 값진 보물과도 같다. 하느님의 은총은 부르심에 있다. 어떤 대가를 치르더라도 그 부르심을 추구해야 한다.

나가는 말

거룩함을 향해 가십시오

이 책은 결정 내리기에 관한 모든 것을 다루지는 않는다. 다만 내가 모든 결정에서 강조하는 한 가지는 그리스도께 우리의 삶을 계속 회심하는 것이다. 모든 결정은 우리를 복종과 순종, 하느님의 사랑으로 이끌어야 한다. 하느님의 뜻에 대한 확신이 없을 때의 해결책은 하느님과의 관계에서 언제나 깊이 있게 성장하는 것이다.

볼티모어 교리서에 "왜 하느님께서 당신을 창조하셨습니까?" 하는 질문이 있는데, 어렸을 때 배웠던 대답을 여전히 기억한다. "하느님께서는 그분을 알고, 그분을 사랑하고, 이 생애에서 그분을 섬기고, 다음 생애에서 그분과 함께 영원히 행복하게 살기 위해서 나를 창조하셨습니다." 이것을 열망하는 것이 우리 마음을 계속해서 회심하도록 할 것이다.

나는 스튜벤빌 대학교의 학생들에게 "마음에서 오는 단순한 결정은 여러분이 살면서 하는 모든 일, 모든 경험을 바꿀 수 있습니다."라고 말했다. 이 결정은 다음 말로 요약할 수 있다. "거룩함을 향해 가십시오." 거룩함이 우리를 이끈다면 모든 실패와 시련, 삶에서 겪는 모든 기회와 위험에 대한 우선순위가 바뀔 수 있다. 이것은 모두 거룩함으로 성장하는 과정으로 볼 수 있다.

실패는 겸손으로 성장할 수 있는 기회이다. 좌절은 인내심으로 성장하는 방법이다. 고통은 우리를 위해 고통을 받으시고 돌아가신 구세주의 고통과 연결해 준다. 다른 사람들의 요구는 자선을 배우는 기회를 준다.

거룩함을 향해 가는 것은 온전히 하느님을 위해 사는 것을 의미한다. 이 말은 "마음을 다하고 목숨을 다하고 정신을 다하고 힘을 다하여 주 너의 하느님을 사랑하고 네 이웃을 너 자신처럼 사랑하려고"(마르 12,30-31) 노력하는 것을 의미한다.

하느님은 우리가 마주치는 모든 문제, 어려움, 실망이 우리를 가라앉히는 것이 아니라 우리를 성화시키는 삶이라는 바다의 폭풍이라는 진실을 받아들이기를 원하신다. 폭풍이 치면 하느님께 더 가까이 다가갈 기회가 찾아온다. 우리가 그분께 더 가까워질수록 그분을 더 사랑하게 되고, 우리가 하느님을 사랑함에 따라 그분을 섬기고자 하는 욕망이 커진다. 우리는 그분의 음성을 더 분명하게 듣게 된다. 우리는 "무엇이 선하고 무엇이 하느님 마음에 들며 무엇이 완전한 것인지"(로마 12,2)와 일치하여 점점 더 많은 결정을 내리게 된다.

다음 성경 구절은 하느님을 알고, 사랑하고, 섬기고자 하는 열망으로 나를 고무시킨 구절이다.

하늘에 좌정하신 분이시여 당신께 저의 눈을 듭니다.
보소서, 종들의 눈이 제 상전의 손을 향하듯
몸종의 눈이 제 여주인의 손을 향하듯
그렇게 저희의 눈이 주 저희 하느님을 우러릅니다.(시편 123,1-2)

우리도 온갖 짐과 그토록 쉽게 달라붙는 죄를 벗어 버리고, 우리가 달려야 할 길을 꾸준히 달려갑시다. 그러면서 우리 믿음의 영도자이시며 완성자이신 예수님을 바라봅시다. 그분께서는 당신 앞에 놓인 기쁨을 내다보시면서, 부끄러움도 아랑곳하지 않으시고 십자가를 견디어 내시어, 하느님의 어좌 오른쪽에 앉으셨습니다.(히브 12,1-2)

예수님께서는 십자가를 참아 내시며 완벽한 복종의 기쁨을 누리셨다. 우리 또한 이 기쁨을 알 수 있다. 주님께 우리 마음을 봉헌하고 '주님의 뜻이 무엇인지 분별하고 깨닫기' 위해 우리 마음을 사용해야 한다. 그래야 이 생애에서 그분께서 주시는 평화의 선물을 즐길 수 있고, 다음 생애에서 그분께서 주시는 영광스러운 휴식을 누릴 수 있다.

> 부록

결정을 앞두고 바치는 기도

다음은 내가 결정을 내리기 전에 하느님 앞에 바치는 기도이다.

아침 봉헌 기도

주님! 성모 성심으로 기도하나이다.

오늘 드리는 저의 기도와

제가 하는 일, 저의 기쁨과 고통을

주님께 모두 봉헌하오니,

예수 성심의 모든 지향이 이루어지도록

굽어살펴 주소서.

주님과 일치를 이루는 거룩한 희생 제사 안에서

주님 은혜에 감사드리며

저의 죄에 대한 보속을 바치나이다.

저의 모든 친척과 친구들,

특별히 교황의 지향을 위해서도

기도하나이다. 아멘.

십자가에 달리신 예수님상 앞에서 드리는 기도

보소서, 선하시고 온화하신 예수님,

주님 앞에 무릎 꿇고

가장 간절한 제 영혼의 기도를 바치나이다.

믿음과 희망과 사랑의 뜨거운 감동으로,

저의 죄에 대한 진정한 통회와 굳은 결심으로

주님께 간절히 기도드리나이다.

저의 예수님, 저는 예언자 다윗이

오래전부터 예언한 바로 그분이신 주님을 바라보며,

마음에서 우러나오는 애절한 사랑과 슬픔에 잠겨서,

저 자신을 반성하고 주님의 귀중한 오상을 묵상하나이다.

"그들은 내 손과 발을 사뭇 뚫어서

내 뼈는 마디마디 셀 수 있게 되었나이다." 아멘.

티 없이 깨끗하신 성모 성심께 드리는 봉헌 기도
(성 루도비코 마리아 그리뇽 드 몽포르 사제의 기도)

티 없이 깨끗하신 성모님,

믿음이 없는 죄인인 저(각자의 이름을 말한다)는

세례 때 한 서약을 오늘 어머님의 손 안에서

다시 새롭게 하고 확인하나이다.

저는 마귀를 영원히 끊어 버립니다.

마귀의 모든 행실과 모든 유혹을 끊어 버립니다.

저는 강생하신 말씀이신 주 예수 그리스도께

온전히 저를 바칩니다.

제 평생 모든 날에 주님을 따라 제 십자가를 지고

주님께 더욱더 충실히 살겠습니다.

천국의 모든 천사와 성인들 앞에서

저의 어머니이시며 주인이신 성모님을 위하여
이날을 골라 저를 봉헌하나이다.
성모님의 종인 저의 몸과 마음을,
내적으로든 외적으로든 제가 가진 것을,
과거와 현재와 미래의 제 모든 선행의 가치까지도
성모님께 가져다 드리며 봉헌하나이다.
제가 가진 모든 것과 저에 대한 권리를
모두 남김없이 완전히 성모님께 맡겨 드리오니
기꺼이 받으시어 성모님의 뜻대로
이제와 영원히
하느님의 더 큰 영광을 위하여 써 주소서. 아멘.

결정 연습 노트

 이 책에서 나는 중요한 결정을 내리면서 도달하는 고려 사항과 결론을 적어 보라고 권했다. 다음은 각 단계에서 결론에 도달하는 데 가장 도움이 되는 질문을 나열한 것이다. 당신이 앞으로 수많은 결정을 내리는 데 유용한 도구가 될 것이다. 각자 자신이 도달한 결론과 결정에 도움이 되는 내용을 써 보길 바란다.

1. 하느님 뜻에 따르는 결정인가?

❶ 의도한 행동은 하느님의 계명을 따르는가?

❷ 그 행동은 교회의 가르침을 따르는가?

❸ 그 행동이 다른 약속에 영향을 미치는가?

❹ 하느님의 '부르심'이 내가 의도하는 것과 모순되는가?

❺ 하느님과 그분의 교회에 복종하고 순명하는 정신을 방해할 가능성이 있는가?

2. 결정하는 과정에서 회심이 일어나는가?

❶ 의도한 행동이 하느님과 더 긴밀한 일치를 이루게 하는가?

❷ 나의 일차적인 책임을 더욱 충실히 수행하게 하는가?

❸ 그 계획에는 불필요하게 죄를 저지를 가능성이 있는가?

❹ '거룩함을 향해 가는' 정신을 기를 수 있는가?

3. 결정에 일관성이 있는가?

❶ 누가? 하느님께서 나를 그분의 뜻으로 이끄시기 위해 과거에 활용하셨던 이들과 일치하는가?

❷ 언제? 내가 과거에 그분의 음성을 들었듯이, 같은 시간에 혹은 같은 방식으로 그분의 부르심을 들었는가?

❸ 어디서? 내가 과거에 그분의 음성을 들었듯이, 같은 장소에서 혹은 같은 상황에서 그분의 음성을 들었는가?

❹ 무엇을? 내 삶에서 이전에 들었던 하느님의 부르심과 일치하는가?

❺ 어떻게? 하느님께서 과거에 나를 다루셨던 방식과 일치하는가?

❻ 얼마나? 그 결정으로 인해 나타날 수 있는 대가가 내가 정한 우선순위에 일치하는가?

4. 결정을 확인해 주는 것은 무엇인가?

❶ 결정에 관여한 사람들은 이 결정이 옳다고 확인해 주는가?

❷ 결정을 확인해 주는 명백하게 기적적이거나 영적인 표징이 있었는가?

❸ 나를 잘 알고, 경건한 방향으로 이끌어 줄 수 있는 사람들이 이 결정이 옳다고 확인해 주는가?

❹ 결정이 가능한 상황인가?

❺ 하느님의 뜻이 맞는지 아닌지 확인해 주는 다른 표징이 있는가?

5. 마음속에서 '네'라고 답하는가?

❶ 이 행동에 대한 도덕적 확신이 있는가?

❷ 마음속에서 이것이 옳은 일이라고 믿는가?

❸ 다른 대안 가운데 옳다고 믿는 것이 있는가?

❹ 부정적인 결과가 예상되지 않는 일이라고 확신하는가?

❺ 확신이 없어서 지체하고 있는가? 다른 원칙을 적용하거나 누군가의 조언을 구해야 할까?

✝

주님, 당신의 길을 제게 알려 주시고

당신의 행로를 제게 가르쳐 주소서.

(시편 25,4)